献立の主力選手！

かしこいおかず

朝日新聞出版

先生たちのプロフィール

料理研究家

大庭英子さん

おおば・えいこ

福岡県出身。スーパーで手に入る普通の材料と基本調味料で作る、手軽だがおいしい料理が人気の料理研究家。近著に『野菜たっぷりおかずの本』（朝日新聞出版）、『満腹！ お楽しみ弁当』（文化出版局）などがある。

大豆と豚肉の煮込み→P.68
白玉あずき→P.106

料理研究家・管理栄養士

藤井 恵さん

ふじい・めぐみ

神奈川県出身。女子栄養大学栄養学部卒。家庭で作りやすくおいしく、栄養バランスがとれた料理を手がける。「あさイチ」（NHK）などに出演。近著『からだが喜ぶ！ 藤井恵のおうちごはん』（世界文化社）などがある。

なすの肉巻きレンジ蒸し→P.8
白味噌豚汁→P.100

料理研究家

松本忠子さん

まつもと・あつこ

東京都出身。子育てをしながら工夫を重ねてきた家庭料理のおいしさを伝える。「献立は味、彩り、調理法を重ならないように組み合わせるのがポイント」と松本さん。近著に『昔ながらの常備菜と浅漬け』（主婦の友社）がある。

しいたけだんごのとろり煮→P.34
菜の花ちらし→P.82

ベターホーム協会

宗像洋子さん

むなかた・ようこ

神奈川県出身。料理教室や出版活動を通じ、家庭料理や暮らしの知恵を伝えているベターホーム協会の会員。「ベターホームのお料理教室」では、キャリアも長いベテラン講師で、家庭料理ならではの工夫を伝えている。

厚揚げと魚介のいり煮→P.70
黒豆→P.72

料理研究家

脇 雅世さん

わき・まさよ

東京都出身。20代で渡仏、「ル・コルドンブルー」「マキシム・ド・パリ」などでフランス料理を学んだことから、フレンチの合理性を生かしたレシピを提案している。近著に『大人ふたりの味わい献立』（新星出版社）がある。

トマト肉じゃが→P.10
スコップケーキ→P.108

「パッソ アパッソ」オーナーシェフ

有馬邦明さん

ありま・くにあき

大阪府出身。イタリアで約2年間修業を積み、2002年に東京・深川に「パッソ アパッソ」を開業。和の食材を生かす季節感あふれるレシピを提案している。近著に『素材のおいしさを引き出すイタリアン』(誠文堂新光社)がある。

冬野菜のパルミジャーノ焼き→P.58
空豆のサラダ→P.66

「料理工房ICHIKAWA」オーナーシェフ

市川友茂さん

いちかわ・ともしげ

埼玉県出身。大阪あべの辻調理師専門学校中国料理教授を経て、埼玉・東松山に「料理工房ICHIKAWA」を開業。「中国料理は下準備が大切。ちょっとしたコツを知ると作る楽しさがうまれます」と市川さん。

豚肉と卵の炒め物→P.12
春雨と春キャベツの香り煮→P.62

「こんちゃん」主人

関口浩二さん

せきぐち・こうじ

東京都出身。東京・足立区の居酒屋「こんちゃん」、2代目主人。先代からの常連客が現在もかわらず支持しており、メニューには店の名物の豆腐炒め、ホルモン鍋、焼き鳥のほか、とろろ蒸しや百合根バターなど日替わりも多数展開している。

柿の白あえ→P.75
きのこのきんぴら→P.77

「京料理・と村」主人

戸村仁男さん

とむら・きみお

千葉県出身。京都や東京の日本料理店での修業を経て、1994年に東京・赤坂に「京料理・と村」を開業、2007年、虎ノ門に移転した。日本全国の旬の食材と向き合い、ていねいに味を引き出す料理の神髄を伝えている。

牛肉の時雨煮→P.32
淀大根のぜいたく煮→P.56

管理栄養士

清水加奈子さん

しみず・かなこ

東京都出身。栄養関連書籍の監修などを行う。健康とおいしさをモットーに、実際の生活環境や個人の体質に合わせて、長く続けられる食事指導を心がける。国際中医薬膳師の資格ももち、薬膳料理の提案もする。

※大庭英子さん近影＝ご本人提供、関口浩二さん近影＝朝日新聞社提供

献立の主力選手！ かしこいおかず 目次

この本の使い方

調味料は、とくに指定がなければ醤油は濃口醤油、酢は米酢、砂糖は上白糖、
塩は精製塩を使用してください。

●

バターは、食塩使用、食塩不使用のどちらでも構いませんが、
選ぶバターにより、好みで塩の加減を調整してください。

●

生姜1片は皮つきで親指の先大、にんにく1片は房の1かけが目安です。

●

揚げ油は、サラダ油を使用してください。

●

オリーブ油は、EX・バージン・オリーブ油を使用してください。

●

単位は1カップ=200mℓ、1合=180mℓ、大さじ1=15mℓ、小さじ1=5mℓです。

本書は朝日新聞連載「かしこいおかず」(2014年4月から2015年3月までの掲載分)に
プロセス写真などを追加してまとめました。

この一品で
食卓が決まる！

第１章

肉、魚介のおかず

食卓の主役になる肉、魚介は、食べ応えのあるものをおいしく作りたい。そんなご要望にお応えして揚げ物から炒め物、煮物、蒸し物までそれぞれの食材のうまみを生かした料理を、種類豊富にご紹介します。人気講師陣の手ほどきで、とびきりおいしい一品に！

なすの肉巻きレンジ蒸し

火を使わずに、簡単ジューシー。付け合わせも一緒に仕上がる楽々レンジ調理

料理・藤井恵

合計15分

下ごしらえ10分
仕上げ5分

1人で食べる昼食や、料理が苦手な人向きのメニューです。包丁を使うのは野菜を切るときのみ。ラップをするところまで下ごしらえを済ませておけば、レンジで加熱するだけです。

ラップはふんわりと皿にかけてください。加熱している間に破けるのを防ぎます。レンジにかけた後はなすの表裏を返し、皿にたまった汁をよく絡めます。

なすに巻き付ける肉はももやロースでも。なすに油をまぶすのは、油の量を抑えつつ、火の通りをよりよくし、ジューシーに軟らかく仕上げるためです。

細切りにしたピーマンも皿に一緒に入れると、付け合わせ野菜も同時に完成です。アスパラ、ズッキーニ、パプリカでも結構ですし、生野菜をサラダ風に添えてもいいでしょう。汁物も即席で。とろろ昆布と削り節からうまみが出るので、だしは必要ありません。ご飯をよそって、どうぞ召し上がれ。

材料 1人前

- 豚ばら薄切り肉……4枚
- なす……1本
- サラダ油……小さじ1
- A
  - 醤油……小さじ2
  - 砂糖……小さじ1/4
  - 酒……小さじ1
  - 生姜(すりおろす)……小さじ1
  - すり白ごま…大さじ1/2
  - 豆板醤……小さじ1/4
  - 片栗粉……小さじ1/4
  - ごま油……小さじ1/2
- ピーマン……2個
- 塩(好みで)……少々

作り方

1. なすはへたを切り落とし、しま目に皮をむいて、縦に四つに切り、サラダ油を全体にまぶす。

2. ボウルにAを合わせる。辛みが苦手なら、豆板醤は除いてもよい。

3. ピーマンは縦半分に切ってへたと種を除き、横に細切りにする。

4. **1**の1切れに豚ばら薄切り肉1枚をらせん状に巻く(ⓐ)。残りも同様にする。

5. 耐熱皿に**4**を並べ、**2**のAをまんべんなくかける。ピーマンを隣に入れ、好みで塩をふり、ラップをかける(ⓑ)。レンジ(600W)で3分加熱する。

6. レンジから取り出し、なすを1～2回返して汁を絡める。

●とろろ昆布汁

- とろろ昆布……ふたつまみ
- 削り節……1/2パック
- 万能ねぎ(小口切り)……2本分
- 醤油……小さじ1/2

材料をお椀に入れて、熱湯150mlを注ぐ。

1人前　約365kcal／塩分2.1g／脂質28.1g

かしこいポイント！

片栗粉がレンジ料理に一役

おいしさのポイントは合わせ調味料に入れる片栗粉。「レンジ調理は、野菜などから出る水分が飛ばず、味がぼやけがち。そこで片栗粉の力で水分を調味料に取り込み一体化させると、味が調いやすくなります」と藤井恵さん。

トマト肉じゃが

トマトと相性のよい醤油は、二度使いで香り高く仕上げます。ＩＨ調理のコツも覚えましょう

料理・脇雅世

合計 25 分

下ごしらえ5分
煮る20分

「ＩＨで煮物を作ると水っぽい」というお悩みを聞きます。ＩＨを使って20年以上という脇雅世さんにＩＨで煮物を作るときのコツを教わりました。

ＩＨはガス火と違い、鍋底を発熱させて加熱するので、鍋の中で対流が起きにくいのが特徴。煮物の場合、水分の蒸発量が少ないため、煮汁はガス火より1～2割少なめにします。そうすると、煮汁が行き渡りにくいので、落としぶたをするのもコツ。鍋の中の温度を早く上げるためには、ふたを上手に使いましょう。

今回ＩＨで作ったのは、トマト肉じゃが。トマトは最初に入れると煮溶けるので、仕上げに入れます。切った材料を鍋に入れたら煮汁を加えます。「ひたひたより少なめ」ぐらいが目安。だしの量は鍋の大きさによって加減してください。煮汁の蒸発が足りないと思ったら、落としぶたの端をあけるなどして蒸発を促します。

材料 2人前

豚ばら薄切り肉……100g
じゃがいも……3個
玉ねぎ(小)……½個
ミニトマト……½パック(10個程度)
*かつおと昆布のだし……約200mℓ
A［砂糖……大さじ1
　 酒……大さじ1
醤油……大さじ1½

*やや薄めのだしを使う。ガスレンジで作る場合、だしを2割ほど増量する。

作り方

1. じゃがいもは皮をむいて、一口大に切り、水にさらし、水気を切る。玉ねぎは1.5cm幅のくし形切りにする。豚ばら薄切り肉は長さを3〜4等分に切る。ミニトマトはへたを取り、大きければ半分に切る。

2. 鍋に1のじゃがいも、玉ねぎ、豚ばら薄切り肉、A、醤油の半量を入れ、かつおと昆布のだしをひたひたより少なめに加える。肉をほぐすように混ぜ合わせる(a)。

だしの量は鍋の大きさによって加減する

a

3. 2をIHクッキングヒーターの強火にかけ、アルミホイルなどで落としぶたをする。煮立ったら、アルミホイルが軽く踊るくらいの火加減(中火)にして10分ほど煮る(b)。

b

4. 落としぶたを取り、鍋をゆすって上下を返す。1のトマトを加える。

5. 再び落としぶたをして5分ほど煮て、残りの醤油を加えて(c)ひと混ぜし、1分半ほど煮る。

c

1人前　約380kcal／塩分2.2g／脂質17.7g

かしこいポイント！

IH調理の注意点

油は炎がなくても発火の恐れがあるので、揚げ物のときは指定の油量を守り、揚げ物コースを。炒め物などは予熱の火力は弱めにし、材料を加えたら強火に。温め直すときは、ガス火同様よくかき混ぜて突然の沸騰を防ぎましょう。

●豚肉と卵の炒め物

ていねいに下味付けした豚肉は
炒めてもふっくら軟らか。
甘辛い味わいで、ご飯が進みます

料理・市川友茂

合計
25
分

下ごしらえ20分
仕上げ5分

肉や魚の基本の下味付けを押さえておくと、素材に合わせて適切な味付けができます。「下味付けの目的は、材料の持ち味を逃がさず、味・香り・質感を高めること」。市川友茂さんがすすめる順番と調味料の役割は、

（1）酒、塩、こしょう（味・香りを加え、クセを和らげうまみを出す）

（2）醤油（クセを和らげ、コクや風味を加える）

（3）卵（まろやかさ、うまみを加える。軟らかい食感を出す）

（4）片栗粉（デンプンの膜を作り、持ち味を逃がさず、舌触りをなめらかにする）

（5）油（空気を遮断し、乾燥を防ぐ。卵やデンプンを固まりにくくし、炒めるときもくっつきにくくする）。

白身魚や鶏のささみ肉など白く仕上げたいものは（1）で味付けし、豚肉や牛肉などは（2）も加えてクセを和らげます。

材料 4人前

豚もも切り落とし肉……160g

A
- 酒……大さじ1
- 塩・こしょう……各少々
- 醤油……小さじ1
- 溶き卵（下記の溶き卵3個分から取る）……大さじ2
- 片栗粉……小さじ2
- サラダ油……大さじ1

溶き卵……3個分
絹さや……20枚
長ねぎ……10cm
生姜……5g

B
- 酒……大さじ1
- 醤油……大さじ2
- 酢……小さじ1½
- 砂糖……小さじ2
- こしょう……少々
- 片栗粉……小さじ⅓
- 中華スープ……大さじ3

サラダ油……大さじ4

かしこいヒント！

甘酒で香りとコクをプラス

四川料理では「酒醸（チュウニャン）」という甘酒に似たものを加えます。家庭でアレンジするなら、Bの合わせ調味料に甘酒を大さじ1程度入れましょう。フワッと甘く香り、コクも加わります。

作り方

1. 絹さやは筋を取り、斜め半分に切る。長ねぎは縦半分に切ってから幅1cmの斜め切りにする。生姜は薄切りにする。

2. 豚もも切り落とし肉は広げて一口大に切り、ボウルに入れてAの酒から溶き卵までを加えてよく混ぜる（a）。

卵を加えると軟らかくなり、味にも丸みがつく

3. 溶き卵が肉に絡んだらAの片栗粉を混ぜ、サラダ油を加えて（b）軽く混ぜる。時間があれば約30分おいて味をなじませる。

なめらかな舌触りになり表面の乾燥も防ぐ

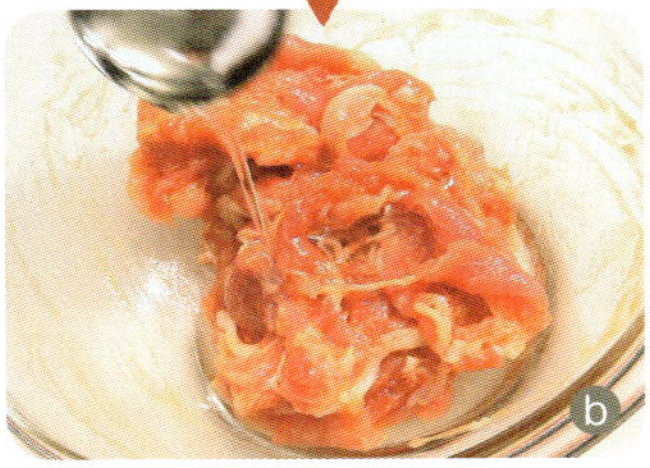

4. 残った溶き卵に塩・こしょう各少々（分量外）を加え、下味を付ける。

5. 小ボウルにBをすべて合わせる。

6. フライパンにサラダ油大さじ2を熱し、4を加えてゆっくり混ぜ、一口大のいり卵を作り、取り出す。

7. 同じフライパンにサラダ油大さじ1を入れ、1の絹さやをサッと炒め、取り出す。

8. 同じフライパンにサラダ油大さじ1を入れて弱火にし、肉を両面に焼き色が付くまで炒める。中火にし、1の長ねぎ、生姜を加える。香りが立ったら、6、7を戻し入れ、5を加え（c）、全体に絡ませる。

1人前　約310kcal／塩分2.0g／脂質23.0g

●プロシュート・コット

調味液に漬けたかたまり肉を ゆっくり加熱した 深い味わいの手作りハム

料理・有馬邦明

合計 110 分

漬ける準備50分
ゆでる60分
（※漬け込む5日間を除く）

イタリア語の「プロシュート」はハム、「コット」は加熱を意味します。要はゆでて仕上げる自家製ハム。かたまり肉を買って挑戦してみませんか。

しっとりした口当たりと深い味わいはソミュール液（調味液）にじっくり漬けて味と香りが染みた肉に、ゆっくり火を通した成果です。有馬邦明さんは、「冷蔵庫のない時代に生まれた知恵。時間がおいしさも育てます」。

豚肉はロースや骨付き部位も使えます。肉が収まる保存容器と、肉がかぶる量のソミュール液を準備してください。ソミュール液の利点は、塩漬けに比べて肉が軟らかくなり、均一に味が行き渡るところ。香味野菜は手近なもので構いません。ドライトマトはうまみが「だし」の役割、スパイスはクローブやナツメグもおすすめです。火入れは、できれば温度計で確認し、鍋の中が沸かないよう、火加減や火と鍋の距離で調節してください。

材料 作りやすい分量

豚肩ロースかたまり肉…500g
豚ばらかたまり肉…500g

ソミュール液

- 水…1.2ℓ
- 塩…55g
- 砂糖…20g

A
- 玉ねぎ(ざく切り)…¼個分
- にんにく(半分に切る)…大1片分
- ドライトマト…1枚
- 粒こしょう…10粒
- ローリエ…1枚
- 長ねぎ(青い部分)…適量
- 生姜(皮付きのまま薄切り)…適量
- 赤唐辛子(半分に切り種を除く)…適量

付け合わせ

かぶ・長ねぎ・ラディッシュ・ビーツ…各適量
粒マスタード・黒こしょう・オリーブ油…各適量

使う道具

竹串、さらしの布かガーゼ・タコ糸・温度計

かしこいヒント!

プロシュート・コットの食べ方

紹介した薬味のほか、バジルソースや和風にゆずこしょうやもろみ、甘みならはちみつやベリー類のジャムもよく合います。切り方を変えてサラダの具にするほか、表面をこんがり焼いた熱々もいいものです。

作り方

1. ソミュール液の材料、Aを鍋に入れる。中火で野菜に火が通るまで沸かし、常温に冷ます。赤唐辛子は取り出す。

2. 豚肩ロースかたまり肉、豚ばらかたまり肉の表面を竹串で刺して味を染み込みやすくする(a)。

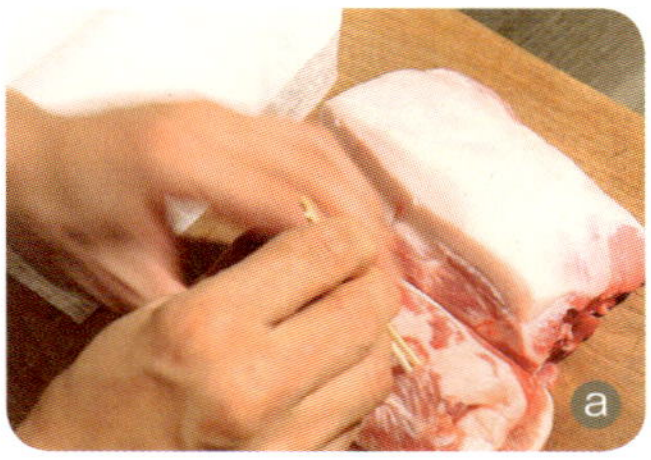

3. 2をさらしの布でゆるまないように包む。形を整えながらタコ糸で縦横を結ぶ。ひもの端は長めに残しておく(b)。

布とタコ糸で包むと、形が崩れない

4. 保存容器に肉を入れて1を注ぐ。冷蔵庫で5日間漬け込む。

5. 付け合わせの野菜は大きめに切り、厚手の深鍋に4の肉とともに入れる。糸の端は鍋の柄に絡ませる。野菜と肉がかぶる量の水を注いで温度計を入れて弱火にかける。80度になったら、温度を保って40分ほど加熱する。沸かさないように気をつける(c)。

80度はゆっくり熱が伝わり肉が縮みにくい温度

6. 火からおろしてそのまま冷ます。タコ糸と布を取り、肉を薄切りにして器に盛る。食べやすい大きさに切った付け合わせの野菜と粒マスタードを添え、黒こしょうをふってオリーブ油をかける。

＊保存は包みのままゆで汁ごと冷蔵庫に。2〜3日で食べきる。ゆで汁はスープとして使える。

肉のみ　1人前100グラムで肩ロース約230kcal／塩分1.0g
ばら約345kcal／塩分1.0g

●鶏の味噌あぶり焼き

味噌にはちみつを加えた
コクのある甘みが新鮮。
皮はパリッ、身はふっくら焼き上げます

料理・ベターホーム協会　宗像陽子

合計30分

下ごしらえ10分
焼く15分、仕上げ5分
(※漬け込む時間を除く)

毎日の料理の味付けがパターン化していませんか。和風なら、醤油とみりんで甘辛く、となりがちですが、新しいレパートリーの提案として、今回は「味噌」をクローズアップしました。味噌の焼ける香ばしさとコクが何とも美味。皮はパリッと、身はふっくらと。ご飯が進むおかずです。

さばの味噌煮などが代表的ですが、味噌には、においを吸着する作用があります。鶏肉を事前に漬け込んでおくことで、味が染み込み、においも取れます。レシピでは30分以上となっていますが、一晩漬け込むとよりおいしく仕上がります。鶏肉2枚の場合は、調味料の分量を1・5倍にしてください。

また、味噌はほかの調味料を合わせると、食材によくなじみ、味に深みも出ます。今回は、醤油やごま油で香ばしさやコクをプラスし、はちみつで照りをよくしました。

材料 2人前

鶏もも肉……1枚（250g）

A
- 塩……少々
- 生姜の搾り汁……小さじ1

B
- 赤味噌……大さじ2
- はちみつ……大さじ1
- 酒……大さじ1
- 醤油……大さじ½
- ごま油……大さじ½

長ねぎ……適量
エリンギ（縦にさく）……適量
長いも（皮付きのまま縦半分に切る）……適量

かしこいポイント！

グリルやオーブンでふっくら焼く

加熱にはグリルかオーブンがおすすめ。フライパンよりふっくらジューシーに軟らかく焼き上がります。いずれも余分な脂が落ち、ヘルシー。長いもやねぎ、エリンギなど野菜を並べて焼けば、付け合わせも一緒にできます。

作り方

1. 鶏もも肉は皮側を数カ所、竹串かフォークで刺して穴を開ける（a）。Aをもみ込み、10分ほどおく。

調味料がよく染み込み、焼き縮みを防ぐ

a

2. ポリ袋にBを合わせ、1の水気をふいて入れ、30分以上漬ける（b）。

ポリ袋なら、少ない調味料で味が全体に回る

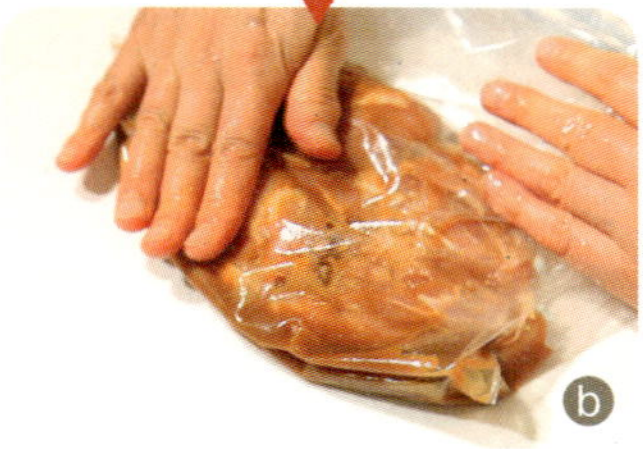
b

3. ポリ袋から肉を取り出し、汁気を切って焼く。残った漬け汁は取っておく。長ねぎ、エリンギ、長いもも同時に焼く。

焼き方

【片面グリルを使う場合】

あらかじめグリルを1〜2分温め、皮を下にしてのせ、強火で7分、少し焼き色がつく程度に焼く。裏返して中火で5分焼く。途中、焦げそうならアルミホイルをかぶせ、中心まで火を通す（c）。

c

【両面グリルを使う場合】
予熱はせず、焦げないように様子をみながら、中火で約10分焼く。

【オーブンを使う場合】

190度（ガスオーブンは180度）に予熱し、皮を上にしてオーブンの網にのせ、20分ほど焼く。

4. 3の漬け汁を小鍋に入れ、とろみがつくまで中火で煮詰め、たれを作る。長ねぎ、長いもは食べやすい大きさに切る。肉の粗熱が取れたら1cm幅に切り、野菜とともに皿に盛り、たれを添える。

たれ、野菜を除き1人前約**260**kcal／塩分**1.6**g／脂質**14.4**g

ゴーヤーと鶏肉のカレー炒め

ビタミンCが豊富なゴーヤーを夏にうれしいスパイシー炒めに。食欲をそそる香りです

料理・市川友茂

合計25分

下ごしらえ15分
仕上げ10分

苦みが魅力の夏野菜、ゴーヤーのレパートリーを広げてみませんか。ポイントは下ごしらえ。塩をふるのは、水分を出して苦みや青臭さを減らすため。今回は、ここに砂糖もプラス。そのままだとトゲトゲしてしまう苦みを、砂糖の効果で丸くします。種のある白い部分は火を通しても硬いので、包丁で落とすひと手間をかけました。気にならなければそのままでも構いません。

味をまとめるカレー粉は焦げやすいので、風味を保つためにも火を消してから絡めます。にんにくや生姜を加えても香りよく仕上がりますし、ナッツ類をふりかけて食感に変化をつけるのもおすすめ。

生姜の辛みがきいた甘酢仕立てでは下ゆでに砂糖を使いました。酢の作用で色が飛びやすいので、調味料はあらかじめあえるのでなく、食べる直前にかけるようにしましょう。

材料 いずれも4人前

ゴーヤーと鶏肉のカレー炒め

- ゴーヤー……½本
- A
  - 塩……小さじ⅓
  - 砂糖……小さじ2
- 鶏もも肉(皮なし)……160g
- B
  - 酒……大さじ1
  - 塩・こしょう……各少々
  - 醬油……小さじ⅓
  - 溶き卵……大さじ1
  - 片栗粉……大さじ1
  - サラダ油……大さじ1
- 玉ねぎ……60g
- にんじん……30g
- C
  - オイスターソース……大さじ1
  - 酒……大さじ1
  - 醬油……小さじ1
  - 水……大さじ2
  - 片栗粉……小さじ½
  - ごま油……大さじ1
- カレー粉……小さじ1
- サラダ油……大さじ2

ゴーヤーの甘酢仕立て

- ゴーヤー……1½本
- A
  - 塩……小さじ⅓
  - 砂糖……小さじ1
- にんじん……20g
- 生姜(大)……1片
- ごま油……大さじ1
- B
  - 塩……ひとつまみ
  - 砂糖……大さじ3
  - 酢……大さじ2
  - 醬油……大さじ2
- 一味唐辛子……少々
- レモン(搾る)……適宜

作り方

ゴーヤーと鶏肉のカレー炒め

1. ゴーヤーは種を取り、長さ4cmの棒状に切る。白い部分を包丁で落としてボウルに入れ、Aを加えて手でもみ込む(ⓐ)。

塩だけでなく、砂糖も加えて味を丸くする

ⓐ

2. 玉ねぎはくし形切りに、にんじんは長さ4cmの棒状に切る。

3. 鶏もも肉の厚い部分を包丁で開き(ⓑ)、全体に切り込みを入れ、長さ4cmの棒状に切る。ボウルに入れ、Bの酒〜溶き卵を加えてよく混ぜる。残りのBを加えて混ぜる。時間があれば約30分おく。

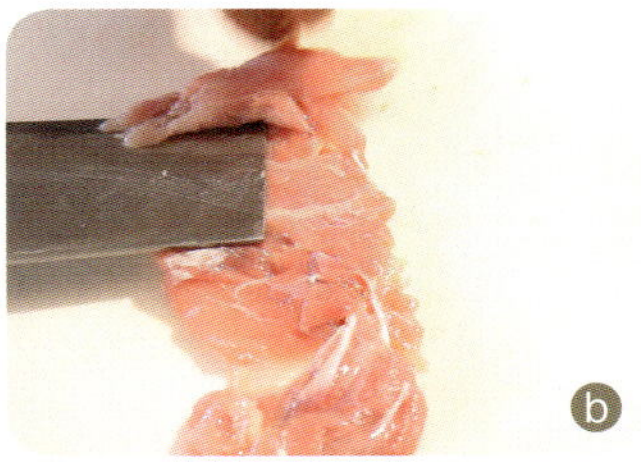

ⓑ

4. 小ボウルにCを合わせる。

5. フライパンにサラダ油大さじ1を熱し、2の玉ねぎ、にんじんを炒め、油がなじんだら1のゴーヤーの汁気を切って加え、弱火でサッと炒め、取り出す。

6. 同じフライパンにサラダ油大さじ1を加え、中火で3の両面を炒める。きつね色になったら火を消し、カレー粉を加えて絡める(ⓒ)。

カレー粉は風味を残すため、火を止めて絡める

ⓒ

7. 香りが立ったら5を戻してひと混ぜし、4を加え、強火で手早く炒める。

ゴーヤーの甘酢仕立て

1. ゴーヤーは種を取り、薄切りにする。鍋に湯600㎖を沸かし、Aを入れてゴーヤーをサッとゆで、水に落とす。

2. にんじん、生姜をせん切りにする。

3. 1のゴーヤーの水気を絞り、ボウルに入れ、2とごま油を混ぜ合わせる。

4. 3を器に盛り、Bを合わせてかけ、一味唐辛子をふる。好みでレモンを搾って加えてもさわやかな味わいに。

1人前　約205kcal／塩分1.5g／脂質14.1g

鶏肉と高野豆腐の揚げ煮

高野豆腐のふわとろ新食感と鶏肉のうまみが染みた滋味深いおいしさに驚きます

料理・ベターホーム協会　宗像陽子

合計 25分

下ごしらえ10分
揚げる10分、煮る5分

とろり、ふわり。例えるなら生《まな》麩《ふ》に近い、この食感は何でしょう。答えは、高野豆腐。今回の主役です。片栗粉をつけて揚げ煮にすると、いつもとはまったく違う食感に。鶏肉のコクも加わって、子どもにも喜ばれるでしょう。

「揚げてから煮るのは手間に感じるかもしれませんが、それだけのおいしさを味わえますよ」と宗像陽子さんは話します。モサモサする食感が苦手、という方もぜひ試してみてください。

高野豆腐を油に入れると最初は片栗粉同士がくっつきますが、揚がってきたら自然に離れるのでご心配なく。鶏肉は斜めのそぎ切りにすると、表面積が大きくなり火通りがよくなります。

高野豆腐はスポンジ状なので味が入りやすく、おいしく仕上がります。菜の花を加えて栄養バランスを補い、彩りもアップ。にんじんやほうれん草を入れてもおいしくいただけます。

材料 2人前

鶏もも肉（小）……1枚（200g）
A［生姜の搾り汁……小さじ1
　 酒……小さじ1
片栗粉（鶏肉用）……大さじ1
高野豆腐……2個（約60g）
片栗粉（高野豆腐用）……大さじ1
B［かつおのだし……1カップ
　 砂糖……大さじ2/3
　 醤油……大さじ1
　 みりん……大さじ1
　 塩……少々
揚げ油……適量
菜の花……1/2束

かしこいポイント！

高野豆腐はぬるま湯で戻す

高野豆腐を戻すときはぬるま湯で。熱湯で戻すと軟らかくなりすぎて煮崩れの原因になります。指でつまんで芯が残っていなければ戻った証拠。煮物の場合、戻さず直接煮汁に入れられる商品もあります。

作り方

1. 鶏もも肉は約4cm角に切り、Aをもみ込む。

2. 沸いた湯に菜の花を入れてゆで、食べやすい大きさに切る。

3. 高野豆腐はたっぷりのぬるま湯（40〜50度）に2分ほどつけて戻す。一つずつ両手で挟んでしっかりと水気を絞り（a）、1個を四つに切って片栗粉をまぶす。

しっかり絞ると、片栗粉をつけてもべたべたしない

4. 揚げ油を170〜180度に熱し、3を3〜4分少し色づくまでカリッと揚げて（b）油を切る。

5. 1に片栗粉をまぶし、3と同じ油で3〜4分同様に揚げる。

6. 別の鍋にBを入れて温め、4、5を入れ、5分ほど煮る。2を加えてサッと温め（c）、器に盛る。

1人前　約600kcal／塩分2.3g／脂質40.8g

鶏肉とこんにゃくのピリ辛煮

しっかり味を染み込ませたこんにゃくで、低カロリーでも大満足。とろみをつけて、鶏肉のうまみもまとわせます

料理・藤井恵

合計40分

下ごしらえ20分
炒め煮する20分

カロリーを抑えた献立にしたいとき、重宝するのがこんにゃくです。藤井恵さんに、ボリュームがあってメインのおかずになる一品を教えてもらいました。

炒め煮では最初に長ねぎ、にんにくの香味野菜と豆板醤を強めの中火で炒め、香りと辛みを出します。下味を付けた鶏肉は、フライパンに入れる前に軽く汁気を切ってください。最初に皮目を下にして焼き、香ばしさとコクを出します。「肉に焼き色をしっかり付けることで、料理全体のできあがりの色もよくなります」と藤井さん。

煮るときの火加減は、中火。ぐらぐらとする程度です。時々様子をみて、上下を返してください。仕上げに水溶き片栗粉で煮汁にとろみをつけます。素材のうまみをたっぷり含んだ汁が具に絡み、食べやすくなります。今回はフライパンを使いましたが、鍋でも結構です。

材料 4人前

- 鶏もも肉……1枚(250g)
- A
  - 醤油……大さじ½
  - 酒……大さじ½
  - 生姜の絞り汁……小さじ1
- 干ししいたけ……4枚
- こんにゃく…1枚(380g)
- 長ねぎ……1本
- にんにく……1片
- 豆板醤……小さじ1
- B
  - 醤油……大さじ2½
  - 砂糖……大さじ1
  - 酒……大さじ2
- 水溶き片栗粉……(片栗粉小さじ2、水小さじ4)
- サラダ油……大さじ½

作り方

1. 干ししいたけは水に浸して軟らかく戻し、軸を除いて半分のそぎ切りにする。戻し汁は水を加えて1カップにする。

2. こんにゃくは厚みを半分に切る。両面に斜めに切り込みを入れ(a)、棒状に切る。

表面に切り込みを入れ
調味料を絡みやすく

a

3. 長ねぎはぶつ切り、にんにくは包丁でたたいてつぶし、芽を除く。

4. 鶏もも肉は一口大のそぎ切りにし、Aをもみ込む。

5. フライパンを中火で熱して2をからいりし(b)、取り出す。

余分な水分を飛ばすと
味が染み込みやすい

b

6. 同じフライパンにサラダ油を入れて熱し、強めの中火で3を軽く炒めて豆板醤を加え、香りが立ったら4の汁気を切って入れる。

7. 鶏もも肉に焼き色が付いたら、1のしいたけ、5を加えて炒める。油が回ったら1の干ししいたけの戻し汁、Bを加えてふたをし、中火で10分煮る。

8. 水溶き片栗粉を回し入れ、しっかり混ぜてとろみをつける(c)。

c

1人前　約190kcal／塩分2.3g／脂質10.4g

●牛肉のマリネステーキ

マリネしてうまみを閉じ込めた肉を、弱火でじわじわ、芯まで温めるように焼いた絶品ステーキ

料理・有馬邦明

合計30分

下ごしらえ20分
仕上げ10分

肉を上手に焼けるようになりたい。それも普段使っているフッ素樹脂加工のフライパンで。有馬邦明さんに相談した答えが、「牛肉のマリネステーキ」です。

選んだ部位は赤身です。脂肪が少ない分、焼く前に下味を付けてうまみをプラスし、火の通し方の工夫で表面は香ばしく、食べるとしっとり。

理想のステーキにするには、まずはイメージトレーニング。有馬さんは「最初に強火で手早く全面に焼き色を付け、弱火でじわじわ芯まで温めていく。育てるような気持ちです」。

しっとり仕上がる秘密は後半の「蒸し焼き」。少量の水分を加えてホイルをかぶせると、蒸気が肉を包むように熱を加え、表面がパサつくのも防ぎます。

最後に焼き上がりを見極めるのは目と指先です。肉がはじけるように膨らんで、押す力が芯まで伝わる感じ。何度か作れば、自信がつきます。

材料 2人前

*牛ステーキ肉(常温に戻す)……200g
イタリアンパセリ(みじん切り)……少々

マリネ用

A
- なし、またはりんご(皮付き)……小½個
- 紫玉ねぎ(薄切り)……小½個
- にんにく(薄切り)……3枚
- 黒こしょう(粗く刻むかつぶす)……少々
- 赤唐辛子……ほんの少々
- はちみつ……小さじ½
- 酒……小さじ1
- 醤油……小さじ1
- ごま油……小さじ1

塩……適量
サラダ油……少々
*ヒレ、ももなど。できれば厚みのあるものを。

かしこいポイント！

なしの力で肉を軟らかく

マリネとは食材を調味液に漬け込む調理法のこと。今回は香味野菜に酒や醤油を合わせます。上品な甘みのなしは牛肉と相性がよいだけでなく、その酵素に肉を軟らかくする力があります。季節によって、りんごやぶどう、あんずでも。

作り方

1. Aのなしは皮付きで、幅5〜6mmの放射状に切る。ボウルにAのごま油以外を合わせて混ぜ、ごま油を最後に加えて全体を混ぜる。

2. 牛ステーキ肉は表面を平らにするよう肉たたきで軽くたたく。1に入れて絡め、10分ほどそのままおく(a)。

a

3. フッ素樹脂加工のフライパンにサラダ油を入れ、火にかける。ジュッと音のする温度まで上がったら2の牛ステーキ肉を入れる。ひと呼吸で焼き色が付くので上下を返す。

4. 2のなしを入れて一緒に焼く。肉をトングで挟み、側面を転がすように焼き付ける。紫玉ねぎと漬け汁、水を大さじ1ほど加えて鍋の温度を下げ、ごく弱火にする。全体にアルミホイルでゆるくふたをし(b)、肉の厚みによるが3〜5分ほど加熱する。

アルミホイルをかぶせ、蒸し焼き状態に

b

5. 肉が膨らんだように見え、肉汁がうっすらにじんだら、上下を返して再びアルミホイルをかぶせ、1分焼いて肉だけ取り出す。

6. フライパンに残った肉汁に水分を足し、煮つめてソースにする。塩で味を調えてイタリアンパセリを加える(c)。

c

7. 5をそぎ切りにして6のなしとともに皿に盛る。塩少々をふってソースをかける。

1人前 約305kcal／塩分1.0g／脂質17.2g

ローストビーフ

保温調理で軟らかジューシー。フライパンで楽々作るごちそう肉料理

料理・藤井恵

合計60分

下ごしらえ50分
仕上げ10分

お祝いやイベントにこんなごちそうもあったら、食卓が華やぐこと間違いなし。それも、フライパンだけで楽々できる手軽さです。

主役の牛肉はサシにこだわることはありません。「肉のうまみを味わえる赤身がおすすめですから、輸入肉でも」と藤井恵さん。フライパンは直径26～28cmのものを用意してください。深さがあるタイプだと蒸気が全体に回りやすく、便利です。中華鍋もよいでしょう。

大切なのは、調理に取りかかる前に肉を冷蔵庫から出しておき、室温に戻すこと。「冷たいままだと熱が均一に伝わらず、内側が赤いままになってしまいます」。理想は芯までロゼ色にほどよく火が入った状態です。

保存はかたまりのまま冷蔵庫で4～5日大丈夫。スライスして大皿に生野菜と盛り付け、好みでわさび醤油を添えてどうぞ。

材料　4人前

- *牛ももかたまり肉 …… 400g
- A［塩 …… 小さじ1
- A［こしょう …… 少々
- 玉ねぎ …… ¼個
- にんじん …… 1本
- セロリ …… 1本
- 白ワイン(または酒) …… 大さじ3
- サラダ油 …… 大さじ½
- 水 …… 100mℓ
- かいわれ大根 …… 1パック
- わさび・醤油 …… 各適量

*牛ももかたまり肉は冷蔵庫から出して1〜2時間おき、室温に戻す。

かしこいポイント！

余熱で芯までゆっくり加熱

加熱後、そのままの状態で蒸らし、さらにアルミホイルで二重に包んで20分以上保温。これで肉汁を落ち着かせジューシーに仕上げます。ホイルにたまった肉汁はフライパンに残った煮汁と合わせて煮詰め、ソースにします。

作り方

1. 牛ももかたまり肉にAをすり込む。
2. 玉ねぎは薄切り、にんじんは皮とへたを除きせん切り、セロリは葉を切り落とし、茎をせん切りにする。にんじんの皮とへた、セロリの葉は取っておく。
3. フライパンにサラダ油を熱し、1を入れ、強火で全面をこんがりと焼き付ける。2の玉ねぎ、にんじんの皮とへた、セロリの葉を肉の下に敷き(a)、白ワインをかけてふたをする。弱火で10分加熱する。

野菜がクッションになり、火加減が調整される

4. 火を止めて、そのまま10分おく。肉をフライパンから取り出し、アルミホイルで二重に包んで20分以上おく。
5. 4のホイルの中にたまった肉汁を4のフライパンに戻し、水を加え、火にかける。鍋肌についているうまみをこそげながら、よく混ぜて水分が大さじ3程度になるまで煮詰める(b)。茶こしなどでこす。

6. かいわれ大根は長さを半分に切る。2のにんじん、セロリのせん切りと合わせて冷水に放ち、パリッとさせてからざるにあけ、水気をしっかり除く。
7. 4の肉を薄切りにし、6とともに皿に盛る。5、わさびを添える。好みで5、醤油各々にわさびを溶いて肉にかける。

1人前　約250kcal／塩分1.3g／脂質15.8g

ハッシュドビーフ

デミグラスソースを使わず仕上げるなつかしい味わい。隠し味の醤油が決め手

料理・ベターホーム協会　宗像陽子

合計20分

下ごしらえ10分
炒める5分、仕上げ5分

湯気の立つツヤツヤなソースをご飯と混ぜてぱくり。よみがえるのは、子どもの頃の思い出でしょうか。

宗像陽子さんが紹介するのは、デミグラスソースを使わずに身近な調味料で手早く作る「家庭のハッシュドビーフ」。「忙しい日の夕食など思い立ったときにすぐに作れるのも魅力です」と宗像さん。

洋食では、玉ねぎをみじん切りにして長時間炒めるという調理法もよくありますが、今回は具材の一つとして食感や味わいを楽しみましょう。きのこも大きめに切り、存在感を出します。

ケチャップを炒めるのは、水分を飛ばしてうまみを凝縮させるため。合わせ調味料の中濃ソースはウスターソースなどお好みのもので構いません。隠し味に醤油を加えると、より味に奥行きが加わります。子ども向けならケチャップの割合を増やしてもいいですよ。

材料 4人前

牛薄切り肉(肩ロース、切り落としなど) …… 200g
A［塩 …… 小さじ1/6
　 こしょう …… 少々
薄力粉 …… 大さじ1
玉ねぎ(中) …… 1個(200g)
にんにく …… 1片(10g)
マッシュルーム …… 1パック(100g)
しめじ …… 1パック(100g)
B［湯 …… 150mℓ
　 固形スープのもと …… 1個
　 中濃ソース …… 大さじ2
　 醤油 …… 大さじ1/2
　 ローリエ …… 1枚
バター …… 10g
トマトケチャップ …… 大さじ2
赤ワイン …… 大さじ2
塩・こしょう …… 各適量
温かいご飯 …… 適量

作り方

1. 玉ねぎは縦半分に切り、繊維に沿って幅2～3mmの薄切りに、にんにくはみじん切りにする。マッシュルームは石づきを取り、幅5mmに切る。しめじは石づきを取り、小房に分ける。Bをボウルに合わせる。

2. 牛薄切り肉は一口大に切る。Aをふって薄力粉をまぶす(ⓐ)。

薄力粉をまぶし、うまみを閉じ込め、口当たりをよくする

3. フライパンにバターを入れて温め、**1**のにんにくを加え、中火で炒める。香りが立ったら**1**の玉ねぎを加え、約2分しんなりするまで炒める。**2**を加え、肉の色がほぼ変わったら、**1**のマッシュルームとしめじを加えてざっと炒める。ふたをして弱めの中火で約2分蒸し焼きにし、取り出す。

4. 同じフライパンにトマトケチャップを入れ、中火で水分を飛ばすように炒める。赤ワインを加えて(ⓑ)沸騰したら、Bを加える。とろみがついてきたら**3**を戻し入れ(ⓒ)、2分ほど煮て、塩、こしょうで味を調える。温かいご飯と一緒に器に盛る。

最後に調味料と合わせると肉が硬くならない

ご飯を除き　1人前約*290*kcal／塩分*2.0*g／脂質*21.2*g

かしこいポイント！

たっぷりのきのこでうまみアップ！

おいしさの秘密はきのこと玉ねぎを、肉の倍量にすること。食べ応えがあってうまみ、栄養バランスもアップ。とくにきのこの主なうまみ成分であるグルタミン酸やグアニル酸は肉のそれと異なるため、一緒に用いると深い味わいになります。

たっぷりねぎと牛肉の煮物

トロトロ甘辛、冬の味。ねぎをたくさん食べられる、メインの一品

料理・藤井恵

合計25分

下ごしらえ5分
煮る20分

寒くなるにつれ、おいしくなる長ねぎ。旬を迎えたらたっぷり食べて、冬を元気に乗り切りたいですね。今回は長ねぎを主役にした手早くできる一品を、藤井恵さんが紹介します。

長ねぎは青い部分も無駄なく使います。「くたくたに軟らかくなるまで十分火を通し、ねぎのトロッとした口当たりを楽しみましょう」。

牛肉は大きめの肉が入っていたら、包丁で切り分けてください。調味料を煮立てて、牛肉にさっと火を通して取り出します。残った煮汁に水を加えて、ねぎを煮ます。最初は煮汁の分量が少なく感じるかもしれませんが、火が入っていくとねぎのかさは減っていきます。串を刺してすっと通るぐらいになったら、牛肉を戻し入れます。

甘辛い醤油味で、ご飯に合うおかずです。時間のある日に作り置いて、忙しいときの献立に役立ててください。

材料 2人前

長ねぎ……3本
牛切り落とし肉……150g
A 醤油……大さじ1½
A 酒……大さじ3
A 砂糖……大さじ1
A みりん……大さじ½
水……100mℓ
七味唐辛子(好みで)……適宜

作り方

1. 長ねぎは長さを3〜4等分にぶつ切りにする。長ねぎの青い部分は1本分だけ小口切りにし、水にしばらくさらし、引き上げて、水分をよく除いておく。

2. 鍋にAを入れて強めの中火にかけ、沸騰したら牛切り落とし肉を入れる。煮立ってアクが出たら除き、肉に火が通ったら、肉を取り出して(a)乾燥しないように、ふたをする。

3. 2の鍋に1のぶつ切りにした長ねぎと水を加え(b)、ふたをして中火で10分煮る。

4. 鍋に2の肉を戻し煮汁がほとんどなくなるまで煮る(c)。

ほんの少し煮汁が
残る程度まで加熱する

5. 器に盛り、1の小口切りにした長ねぎを上に飾り、好みで七味唐辛子をかける。

1人前　約280kcal／塩分2.1g／脂質13.3g

かしこいヒント！

自家製ねぎだれ

長ねぎの青い部分を使って、たれも作れます。青い部分1本分を薄い小口切りにして、醤油大さじ2、酢大さじ1、みりん大さじ½と合わせて冷蔵庫で1日おいてなじませます。ねぎの風味が豊かで、湯豆腐などにかけるとおいしい。

牛肉の時雨煮

たまり醤油でうまみを付け、水あめでつやよく仕上げたぜいたくなご飯のお供

料理・戸村仁男

合計45分

下ごしらえ5分
仕上げ40分

忙しいとき、あるとうれしいのが保存食。「牛肉の時雨煮」は、ご飯との相性この上なく、ごちそう気分は満点です。

牛肉は切り落としを使いました。霜降りの部位は軟らかく、赤身なら味わいもかみ応えもしっかり。クセを取る生姜はたっぷり刻み、爽快な山椒は好きなだけ用意しておきます。

味加減は日持ちを考え、思い切って甘めにしています。戸村さんいわく「上品にしない方が似合う」。たまりを使うのは、塩分は濃口醤油と変わらずに、うまみが強く、色も黒々とおいしそうに見えるから。煮魚などに重宝します。

味が染みるのは翌日から。温め直すと肉の風味が出てきます。溶き辛子を添えたり、わさびをのせたお茶漬けで煎茶をかけたり。熱々ご飯に白湯（さゆ）やキンキンに冷えた水もしゃれています。おにぎりにするなら、肉の汁気をよく切りましょう。

材料 作りやすい分量

- 牛切り落とし肉……500g
- A
  - 水……500mℓ
  - 酒……300mℓ
- B
  - 砂糖……130g
  - 水あめ……大さじ1
- たまり醤油……大さじ2
- 生姜……1片
- 山椒の実(塩煮)……適量

かしこいポイント！
ぬれぶきんで焦げ防止

煮方は中火でテンポよく味を詰めていきます。煮汁が対流する行平鍋は適役ですが、焦げ付きやすいのが難点。途中でぬれぶきんで鍋肌をふき取ると、焦げたにおいが移りません。やけどしないよう、火を止めて作業しましょう。

作り方

1. 生姜はせん切りにして水にさらす。

2. 鍋にAを入れて火にかける。沸騰したら中火に調節し、Bを入れて溶かす(ⓐ)。たまり醤油を加える。

水あめを加えて、つやのある仕上がりに

3. 牛切り落とし肉を入れ、箸でほぐすように混ぜて火を通す。肉全体の色が変わったら一度ざるに引き上げる(ⓑ)。

火が入りすぎて固くならないように取り出す

4. 煮汁を沸騰させ、アクをすくう。水分を減らすためにも2分ほど煮詰める。鍋肌が焦げ付いてきたら、ぬれぶきんでふき取る。

5. 肉を鍋に戻し、水を切った1を加える。ふつふつ沸いた火加減を保って時々混ぜながら20分ほど煮る。ふたはしない。煮汁がひたひたに残るくらいに加減する。

6. 山椒の実を加えて(ⓒ)ひと混ぜし、そのまま冷ます。

1人前　約275kcal／塩分0.7g／脂質18.7g

しいたけだんごのとろり煮

じゃがいもと片栗粉でふんわり仕上げた
とっておきの一品。
熱々をいただきましょう

料理・松本忠子

合計
40
分

下ごしらえ25分
揚げる5分、仕上げ10分

ころんとした鈴カステラのようなおだんごは、しいたけに肉だねを詰めたもの。冬になって甘みを増す旬の白菜と合わせて煮ます。使う調味料は酒、砂糖、醤油と定番ですが、だしに肉やしいたけのうまみが重なり、懐かしくも奥深い味わいになります。とろみのある煮汁とともに、熱々をいただきましょう。

ふんわりと仕上げるために、肉だねにはゆでてつぶしたじゃがいもを加えました。玉ねぎに片栗粉をふっておくのも、口当たりを軟らかくするため。玉ねぎが肉だねとうまくなじまないという悩みはこれで解決できます。

揚げ加減は、こんがりきつね色になる程度を目安に。「おいしそうに見えるように加減してください」と松本忠子さん。揚げたときは完全に火が通っていなくても、その後煮るので、問題ありません。肉だねが余れば、肉だんごにして使えます。

材料 4人前

鶏ひき肉 …… 150g
生しいたけ(小) …… 12個
じゃがいも …… 50g
A
- 溶き卵 …… 1個分
- 砂糖 …… 小さじ2
- 塩 …… 小さじ½

玉ねぎ …… 50g
片栗粉 …… 適量
白菜 …… ⅙株(300g)
B
- かつおと昆布のだし …… 1カップ
- 酒 …… 大さじ3
- 砂糖 …… 大さじ1

塩・こしょう …… 各少々
醤油 …… 大さじ1強
水溶き片栗粉
…… 片栗粉小さじ2、水小さじ4
揚げ油 …… 適量
サラダ油 …… 少々

作り方

1. じゃがいもは軟らかくゆでて皮をむき、つぶす。玉ねぎはみじん切りにし、片栗粉小さじ2をまぶす。
2. 鶏ひき肉に1のじゃがいも、Aを加え、よく混ぜる。玉ねぎを加えてさらによく混ぜる。
3. 生しいたけは軸を取り、内側に片栗粉適量を茶こしなどで薄くふり(a)、2をペティナイフなどでだんご状に形を整えながら詰める(b)。

片栗粉をふり、肉だねをしっかり詰めると外れにくい

a

b

4. 揚げ油を180度に熱して3を入れる。きつね色になるまで揚げ(c)、取り出して油を切る。

c

5. 白菜は軸の部分は斜めのざく切りに、葉は大きさをそろえてざく切りにする。
6. 鍋にサラダ油を熱して5を入れ、サッと炒めて塩、こしょうをふる。Bを入れてひと煮立ちさせ、醤油、4を入れ、ふたをして4〜5分煮る。
7. しいたけだんごが煮えたら水溶き片栗粉を加減しながら加え、とろみをつける。

かしこいポイント！

醤油を入れるタイミング

だしに酒、砂糖と加えてからひと煮立ちさせ、その後に醤油を入れるのが松本さん流。醤油のクセがでないので、風味よく仕上がります。先に入れる場合も、少量を残しておき、それを最後に混ぜるといいですよ。

1人前　約215kcal／塩分1.8g／脂質11.4g

スピエディーノ（イタリア串焼き）

フライパンでさっぱり、しっとり作る
イタリア風魚の串焼き。
魚醤で香ばしく焼き上げます

料理・有馬邦明

合計
25
分

下ごしらえ20分
仕上げ5分

脂ののった厚切りのぶりを、こんなにさっぱり食べられるとは驚き。ハーブやスパイスを上手に使うイタリアの串焼き「スピエディーノ」を、有馬邦明さんがアレンジ。フライパンでしっとり焼く方法をマスターしましょう。

まずは「香りよくさっぱり」のために、ぶりの皮を取り除きます。これだけで青魚のイメージが変わります。次に砂糖と魚醤（ぎょしょう）の下味。焼いたときに砂糖はキャラメル化し、魚醤も香ばしさを加える。照り焼きの効果です。そして「しっとり」仕上げる秘密。表面に焼き色を付けたら、火を消してふたをします。コンロの上でそのまま待つこと1分、余熱と素材の水分で蒸し焼きの状態になり、全体にちょうどよく熱が回るのです。

食べるときにレモンを搾って、気軽なおもてなしにどうぞ。季節によって、めかじきやまぐろでお試しください。

材料 2人前

ぶり……2切れ(180g)
ミニトマト……1個
マッシュルーム……1個
玉ねぎ(幅2cmのくし形切り)……1個
かぶ(小)……1個
にんにく(薄切り)……2枚
砂糖……少々
魚醤……小さじ½
粗びきこしょう……少々
レモン……½個分
ローリエ……2枚
塩……適量
オリーブ油……適宜

竹串……2本

作り方

1. ぶりの皮と骨を除き、串に刺しやすい大きさに切る。

2. 1の両面に砂糖を軽くふり、魚醤を塗る。腹身の部分の片面に粗びきこしょうをふる(a)。

3. くし形切りの玉ねぎは適当にばらす。ミニトマトとマッシュルームは半分に、かぶはぶりと厚みを合わせて一口大に切る。レモンは皮を大きめにそぐ。

4. まな板の上で、1本分ずつ2と3を並べて串を刺す。最初の土台は玉ねぎ、途中ぶりと野菜を交互に刺す。ローリエも間に挟む。腹身はマッシュルームと組み合わせる。腹身の部分が薄かったら、長いままくるりと巻いて刺す(b)。最後にレモンの皮とトマトを刺す。余った材料は一緒に焼く。

5. フライパンにオリーブ油とにんにくを入れ、中火で温める。4のこしょうの付いた側を下にして並べ、軽く塩をふる。

6. 1分ほど焼いてぶりに焼き色が付いたら上下を返す。10秒ほど焼いたら火を止め、にんにくが焦げないように串の上にのせてふたをする(c)。そのままコンロの上で1分おき、余熱で火を通す。

魚や野菜の水分で
しっとり火が通る

7. 皿に盛り、3で皮をそいだレモンをくし形に切って適量を添える。好みでオリーブ油も添える。

1人前　約280kcal/塩分0.9g/脂質18.8g

かしこいポイント!

合わせる野菜をひと工夫

野菜は、加熱時間が短いことを考えて、種類や切り方を工夫します。玉ねぎは串の最初に刺すことで土台の役割を、うまみを吸うきのこは腹身の部分を巻き付けます。今回はかぶを選びましたが、りんごなどの果物も意外に好相性。

エスニック風煮魚

下味を付けてそのまま煮るだけで ニョクマム香る、南国風煮魚に。野菜で包んでいただきます

料理・藤井恵

合計15分

下ごしらえ5分
煮る10分

煮 魚といえば和風。でも、たまには目先を変えてベトナムの食べ方に挑戦しましょう。

今回はめかじきですが、かれいなど白身魚なら何でもOK。「ニョクマムの力でうまみがアップします。冷凍の魚にもおすすめの調理法です」と藤井恵さん。ニョクマム独特のにおいはにんにくでカバー。苦手なら多めの醤油で代用も可能です。

普段の煮魚ならば煮汁を沸騰させて魚を入れますが、ここでは調味料を先になじませて下味を付け、水から煮ます。煮立ったらスプーンで煮汁を魚にかけながら煮ます。水分が少なめですので、切り身の表面が乾いてしまわないよう煮汁をかけながら、汁を煮詰めます。泡立ってとろみがついたらできあがり。

食べるときはサニーレタスなど野菜で包んでどうぞ。ちょっと甘辛な魚の味わいにシャキシャキの生野菜の歯応えが加わって、新鮮なハーモニーです。

材料 2人前

めかじき……2切れ
A
- ニョクマム（ナンプラーで代用可）……大さじ1½
- 砂糖……大さじ1
- にんにく（芽を除いてみじん切り）……1片
- こしょう……少々

赤唐辛子……1本
水……50mℓ
サラダ油……大さじ½
きゅうり……½本
サニーレタス……2枚
青じそ……6枚

作り方

1. 赤唐辛子は種を除いて小口切りにする。きゅうりは斜め薄切りにする。サニーレタスは食べやすい大きさに手でちぎる。

2. フライパンにめかじきを入れ、Aをかけてなじませて5分おく（a）。

煮汁が少ないので、小さいフライパンを

3. 1の赤唐辛子、水を加えて火にかけ、煮立ったら煮汁を魚にかけてふたをする（b）。時々ふたをあけ、様子を見て煮汁をかけながら5〜6分煮る。

においがこもらないよう、ずらしてふたをする

4. 魚に火がほぼ通ったら、サラダ油を加え、煮汁をかけながら（c）、煮汁がとろりとするまで煮る。

早く煮詰まりすぎたら途中で水を加える

5. 皿に盛り、別の器に1のきゅうり、サニーレタスと青じそを盛って添える。食べる際は、魚を一口大にして野菜で包み（d）、いただく。

1人前　約*190*kcal／塩分*1.6*g／脂質*9.7*g

かしこいポイント！

油は後から加える

魚におおかた火が通ったら、ふたを取って油を加えます。「照りとコクを出すためです。淡泊な魚には効果的です」と藤井さん。

あじのきずし

ひと手間でうまみが際立つプロの技。漬け酢にだしを加え、酸味を和らげました

料理・戸村仁男

合計 3.5 時間

下ごしらえ30分
しめる・おく3時間

生のようで生とは違う。口当たりはしっとり、青魚のクセが消えてうまみくっきり。あじを、きずし（酢じめ）で楽しみましょう。

塩や酢で素材を「しめる」調理法は、冷蔵流通が発達したことで、保存性の意味合いは薄れました。戸村仁男さんは「目指すのは、しょっぱくも酸っぱくもない、ちょうどいい加減です」。

塩は粒が大きくゆっくり溶ける粗塩を。身が薄いので、しめさばに比べて少なめにします。漬ける酢は、だしで割るのがポイント。酸味が和らぎ、身も硬くなりすぎません。

料理屋らしく、薬味をあしらい、割りだしを添えましたが、わさび醤油もいいでしょう。

きずしを多めに作り、翌日は棒ずしにしても格別です。味のなれたくらいが、すし飯には合います。好みで刻んだ青じそやごまを混ぜ、成形は固く絞ったさらしでキュッと包みます。

材料 8人前

あじ(中)……8〜10尾
粗塩……適量

合わせ酢

- かつおと昆布のだし(→P.104)……500mℓ
- 酢……100mℓ
- *すだちの搾り汁……3個分

割りだし

- かつおと昆布のだし(→P.104)……150mℓ
- 薄口醤油……大さじ2
- すだちの搾り汁……2個分

青ねぎ・穂じそ……各適量
*搾った後の皮も入れる。

かしこいポイント！

魚の身は水気を嫌う

魚をおろすとき、水を使うのはウロコを落とし、内臓を取って骨の周りの血を洗い流すところまで。水を吸うと味が落ちるので、身をおろす前に、魚の表面と腹の中、まな板、包丁の刃の水気をしっかりふき取りましょう。

作り方

1. あじは三枚におろし、皮は引かない(おろし方→P.48)。
2. バットに粗塩を散らす。1の皮を下にして並べ、上からも薄く粗塩をふる(a)。ラップをして冷蔵庫で1時間ほど、表面に水分がにじんでくるまでおく。

身が薄いので
塩はまばらにふる

a

3. 合わせ酢の材料を深いバットに入れて混ぜ、2を洗わずそのまま入れる。30〜40分ほど涼しい場所においてしめる。

風味づけのすだちは
搾ってから皮も加える

b

4. 3のあじを合わせ酢から取り出し、ペーパータオルを敷いたバットに並べる。ラップをかけて冷蔵庫に1時間ほどおいて味を落ち着かせる。翌日までおいてもよい。
5. 食べるときに皮をひく(c)。皮側の横方向に端から浅く切り込みを入れ、食べやすい大きさに切る。

指で両端を押さえると
身が皮に付かない

c

6. 青ねぎは細い小口切りにし、さらしに包んで水洗いする。割りだしの材料を合わせる。
7. 5を器に盛り、6の青ねぎと穂じそを天盛りにし、割りだしを注ぐ。

1人前　約85kcal／塩分1.3g／脂質2.4g

はまぐりの酒いり

はまぐりの甘みをぐっと引き出した自慢の一品。ゆっくり火を通してうまみを逃がしません

料理・戸村仁男

合計 25 分

下ごしらえ15分
仕上げ10分

料理の極意の表現で、「素材の味を逃がさない」と言いますが、今回の「はまぐりの酒いり」は、まさにこのこと。「酒いり」は、日本酒の力で材料のクセを取り、風味を加える調理法です。火の通し方がいいと、貝のうまみが身の中にとどまり、かむごとにあふれてくるのです。

希少品のはまぐりも、ひな祭りを過ぎれば値頃になってきます。後悔しない一粒の満足です。

身の両面に切り込みを入れるのは、かみ切りやすくするのが目的です。浅からず深すぎず加減してください。

火入れは、全体がぷっくりして芯は軟らかな食べ頃のタイミングで、引き上げましょう。できたてを食すのが何よりです。戸村仁男さんは言います。「昔の料理に学ぶのは、目の前の材料をよく見て、生かすこと。当たり前のようで、今どれだけできているでしょう」。

材料 4人前

はまぐり(殻付き。大)……4個
酒……約155mℓ
塩……ひとつまみ
木の芽……適宜

かしこいポイント！

「酒いり」で風味よく

「酒いり」には水分を飛ばす仕上げもありますが、戸村さんが修業時代に覚えたのは、煮きった酒の中で、貝を包むように熱をあてるやり方。アルコールのにおいを立たせず、貝の甘みが際立ちます。

作り方

1. 鍋に酒を入れて中火にかける。沸騰したら焦がさないように1〜2分沸かす。アルコール分を飛ばすのに、着火棒などで表面に火を付ける(ⓐ)。

2. 火を弱めてそのまま1分ほど沸かして火を止め、ボウルに移して冷ます。

3. 厚手のタオルの上にはまぐりを置いて待つ。貝柱が2カ所あるので、まず殻の厚い側にナイフを入れ、口を少し開けてぐるりと外し(ⓑ)、殻の薄い側を手前に持ち替えもう一方も外す。

貝のひもの部分を切らないようにゆっくり、慎重に

4. **3**の身の両面に包丁の刃先で細かく切り込みを入れる(ⓒ)。表面の水分を軽く取っておく。

タオルやふきんの上に置くと作業しやすい

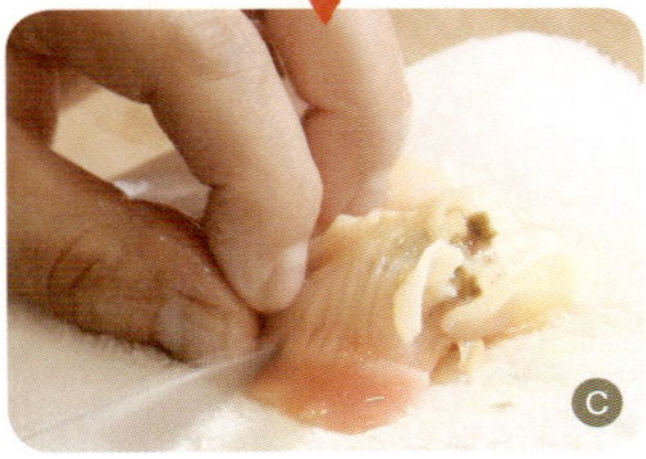

5. 鍋に**2**を入れて火にかけ、塩を加える。沸騰したら**4**を入れる。酒に漬かるように、時々鍋を軽く揺すり、スプーンなどで上下を返して(ⓓ)様子を見る。貝の大きさによって目安は40秒〜1分、軽く押して中心に軟らかさを残した状態で火を止める。

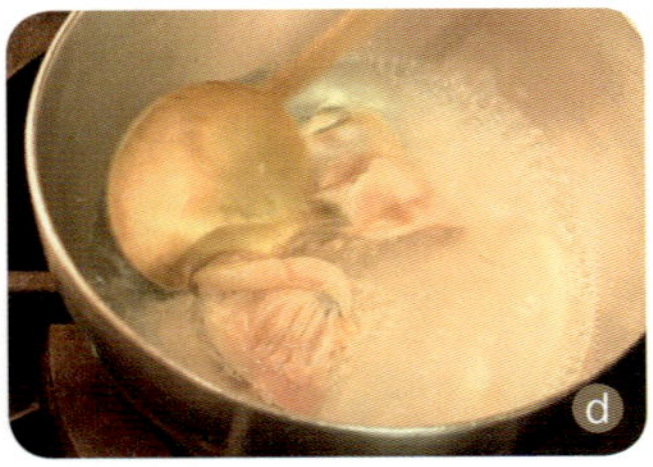

6. 器に盛って汁を少しかけ、あれば木の芽をのせる。

1人前　約25kcal／塩分0.6g／脂質0.1g

かきのくず煮

ぷっくり濃厚なかきをシンプルに。絶妙な火入れは指先と目で確認し、熱々をどうぞ

料理・戸村仁男

合計30分

下ごしらえ20分
仕上げ10分

木枯らしにこわばった体が一杯の椀《わん》にホッとほどけていく幸せ。戸村仁男さんの仕事は、素材を生かす直球勝負。下ごしらえと火通しに入魂です。

かきは加熱用の大粒を選びました。生食用との違いは育てる海域や出荷前の殺菌処理の有無で、鮮度ではありません。うまみの点では加熱用がまさる場合も多く、料理によって使い分けましょう。粒の大きさをみて、食べたい数を用意して構いませんが、濃厚な味わいですのでほどほどの量がおすすめです。

だしを火にかけたら仕上げは一気に。器も用意しておきます。くずでとろみを付ける汁は、少し濃いめの味がおいしく感じます。かきからも味が出るので、足りない分を塩で補い、薄口醤油は香り付けの役割です。あとはかきにどこまで火を通すか。ぷっくり膨らんで、押すと芯まで力が伝わるタイミングを目と指先で感じ取ってください。

材料 4人前

かき(加熱用。大粒) …… 4個
大根 …… 5cm
かつおと昆布のだし(→P.104) …… 400mℓ
塩 …… 小さじ⅓
薄口醤油 …… 1〜2滴
くず粉(なければ片栗粉) …… 大さじ1
生姜の搾り汁 …… 1片分

作り方

1. かきは軽く水洗いしてボウルに入れる。大根を皮ごと粗い目でおろし、かきに絡めるように手で混ぜる。ひだの中まで指が届くようにぬめりや汚れを落とす(a)。水を替えながら大根おろしをきれいに洗い流す。かきをふきんに並べ、上からも軽くおさえて水分を取る。

2. かつおと昆布のだしを鍋に沸かす。弱火にして1を入れる。かきの大きさによるが1分ほど加熱し、火を8割がた通す。ぷくっと膨らみ、指で押して芯に軟らかさが残っている状態で取り出す(b)。

3. ざるにペーパータオルを敷き、2のだしをこして濁りを取る。鍋に戻して再び火にかける。味をみて、塩を加えて吸い物より少し濃いめに加減し、香り付けに薄口醤油を加える。

4. くず粉を同量の水で溶き、少しずつ加えながらお玉で鍋の底をこするように混ぜ(c)、ゆるくとろみを付ける。

5. 2のかきを4の鍋に戻してひと煮立ちさせる(d)。芯まで熱が伝わった目安は、押すと弾力を感じること。

6. 器に5のかきを盛って汁を注ぎ、生姜の搾り汁を落とす。

1人前　約50kcal/塩分1.3g/脂質0.8g

かしこいポイント!

くず粉の特徴

とろみ付けに用いたくず粉は、熱を加えたときのなめらかさと、時間がたっても状態が変わらないことなどが利点。日なた臭さを感じたら、同量の水で溶いて冷蔵庫でひと晩おき、上澄みを捨て、あらたに水溶きくず粉を作りましょう。

「万能生姜ごまだれ」で肉も魚もぐっとおいしく

料理・ベターホーム協会　宗像陽子

作り置きのたれは忙しいときの心強い味方。まろやかな味は、肉にも魚にも合います

最近さまざまな商品が登場している、合わせ調味料やたれ。「味が決まる」「時短になる」というのが人気の理由のようですが、家庭でも簡単に作れます。好みのたれを作り置き、料理の心強い味方にしましょう。

醤油とみりんの甘辛味をベースに、生姜とごまを多めに加えました。ごまは火を止めてから加えることで風味がきいて、食が進みます。

たれは全面が沸き立つまで沸騰させます。アルコール分を飛ばすことで味がまろやかになるほか、保存性を高める効果も。冷蔵庫で2週間ほど保存できます。できあがり量を調整すれば、使い残しの心配もありません。たれ大さじ1に、酢、ごま油各大さじ2分の1を加えれば、中華風にも。蒸しなすや冷やし中華などにも使えます。このたれを使ったレシピも2品紹介します。

万能生姜ごまだれ

材料　できあがり約300mℓ

- 生姜(すりおろす)……2片分(20g)
- 玉ねぎ(すりおろす)……30g
- A
  - 醤油……100mℓ
  - 酒……50mℓ
  - みりん……50mℓ
  - 砂糖……大さじ1
- 白すりごま……大さじ6

作り方

鍋に生姜、玉ねぎ、Aを入れて強火でひと煮立ちさせる。火を止め、白すりごまを混ぜる(ⓐ)。

ⓐ

合計10分

下ごしらえ5分
仕上げ5分

万能生姜ごまだれを使って肉料理

豚肉の生姜ごまだれ焼き

豚の生姜ごまだれ焼きは、肉に火を通してから、たれを絡めます。あらかじめ片栗粉をまぶし、よく味を絡ませるのがコツ。冷めてもおいしく、お弁当にもピッタリです。

合計10分
下ごしらえ5分
仕上げ5分

材料 2人前

豚ロース薄切り肉……150g
B［塩……少々
B［酒……大さじ1
片栗粉……大さじ1
サラダ油……大さじ½
万能生姜ごまだれ(→P.46)……大さじ2
レタス……2〜3枚

1人前　約230kcal／塩分1.7g／脂質12.3g

作り方

1. 豚ロース薄切り肉にBをふり、片栗粉をざっとまぶす。
2. フライパンにサラダ油を入れて火にかけ、肉を広げ、軽く焼き色がつくまで強めの中火で両面を焼く(b)。

b

3. 万能生姜ごまだれを入れて絡める。レタスと一緒に皿に盛る。

万能生姜ごまだれを使って魚料理

鯛の生姜ごまだれ丼

たれに練りわさびを加えて和風にアレンジ。だし3カップ、塩、醤油各小さじ⅓を煮立ててかければ、だし茶漬け（2人前）になります。まぐろやあじ、かつおなどにも。

合計10分
下ごしらえ5分
仕上げ5分

材料 2人前

鯛の刺し身(さく)……120g
万能生姜ごまだれ(→P.46)……大さじ2
練りわさび(好みで加減)……小さじ1
温かいご飯……300g(2膳分)
青じそ・みょうが(小口切り)……各適宜

作り方

1. ボウルに万能生姜ごまだれ、練りわさびを入れて混ぜる。
2. 鯛は厚さ2〜3mmのそぎ切りにし、1に入れて混ぜ、5分ほど漬ける。
3. 器に温かいご飯をよそい、2を漬け汁ごとのせる。青じそやみょうがなど好みの香味野菜を添える。

1人前　約415kcal／塩分1.4g／脂質8.9g

Colum
お料理
レッスン
1

【基本の下ごしらえその一】

1章の魚料理のレシピで必要だった、あじの下ごしらえをここで覚えましょう。苦手意識を持つ人の多い魚の下ごしらえですが、魚料理を自在に楽しむ第一歩です。繰り返し練習して、感覚を身に付けましょう。

戸村仁男さんの「あじのおろし方」

1. うろこを取る

包丁を垂直に立て、刃先を尾から頭に向かって動かしながら、うろこを取る。

2. ぜいごをそぎ切る。

尾の付け根から刃を寝かせて入れ、刃を浮かせるよう前後に細かく動かしながらぜいごを外していく。同様に反対側のぜいごも外す。

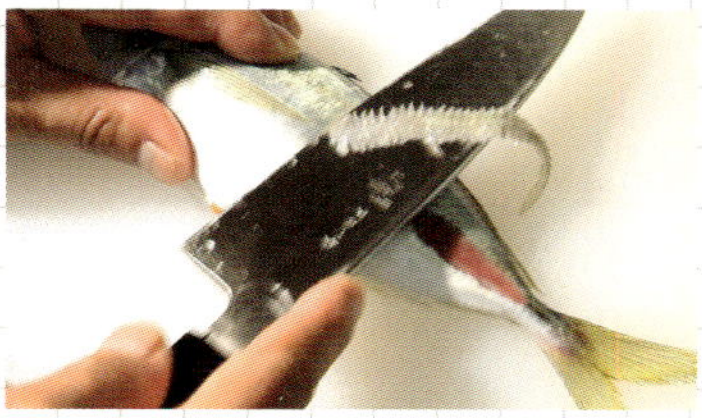

3. 頭を落とす

胸びれを手で起こし、胸びれぎりぎりの位置に包丁を垂直に立て、身を半分切る。身を返し、反対側からも刃を入れ、頭を切り落とす。

4. 内臓を取り出して洗う

下びれを切り落とし(写真上)、数センチ腹を切り開く(写真中)。内臓をかき出し、さらに腹の中の血合いなどを流水でよく洗い(写真下)、タオルなどで水気をよくふき取る。

5. 身をおろす

なるべく多く身が取れるよう、中骨ぎりぎりに刃を入れる(写真上)。身の下半分の骨に刃を沿わせながらまな板と平行を保って前後に動かし、尾まで刃を進める。さらに上下を返して尾から刃を入れ(写真下)、骨に沿わせながら切り進めて骨と身を切り離す。反対側も同様の手順で骨と身を切り離す。

6. 腹骨をすき取り、骨を抜く

包丁を寝かせて、腹骨をすき取る(写真上)。頭を落とした切り口から尾にかけ、中心線に残った小骨を指先でさぐりながら見つけ、骨抜きで抜き取る(写真下)。必要な場合はここで皮を引く。頭の側から皮の端をめくって押さえ、包丁のみねをまな板に押しつけた状態で横に動かし、はがしていく。

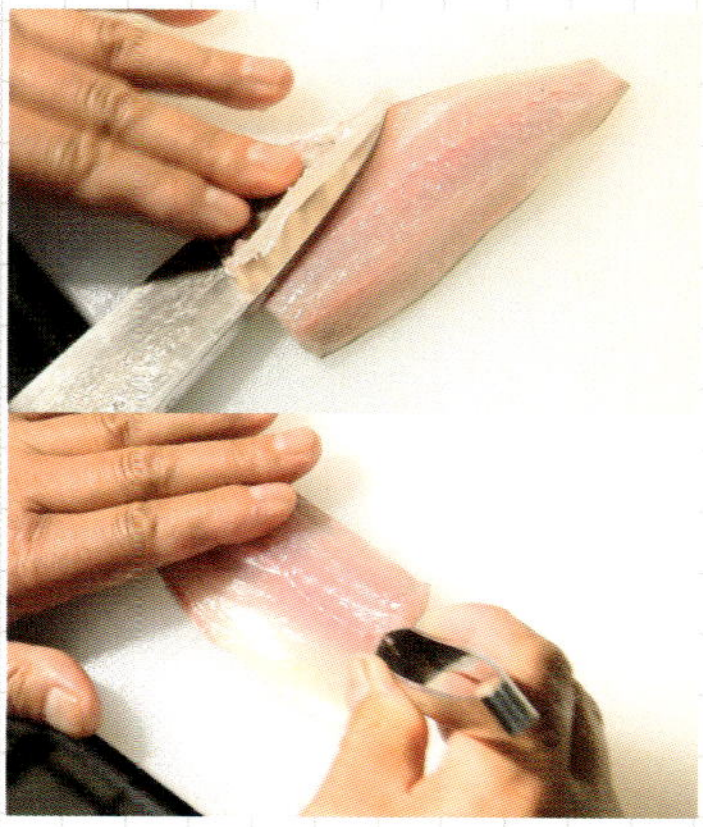

カロリーオフの
強い味方！

第2章

野菜、豆類のおかず

栄養バランスを調整してくれるだけでなく、緑、赤、黄、茶、黒など…野菜のおかずは彩り豊か。目も舌も楽しませてくれ、主役にも脇役にもなる、頼れる食材です。素材の持ち味、香り、歯ごたえを生かしたレシピで、いつもの一品をワンランクアップ！

野菜おでん

主役は根菜。下ゆでのひと手間をかけ、すっきりとした煮干しだしで煮る上品な味わいです

料理・藤井恵

合計100分

下ごしらえ40分
煮る60分

寒さに体のかじかむ冬、たっぷりの汁で煮込んだ、おでんはいかがですか。いつもなら主役を務める練り物は控えめに、野菜を多くしました。「煮干しでだしをとると、一層おいしくなります」と藤井恵さん。

上品な仕上がりにするため、具材もそれぞれに下ごしらえしましょう。野菜は米のとぎ汁でゆでます。とぎ汁がなければ、水でも構いません。下ゆでで、えぐみと感じやすいクセやにおいが抜けるほか、野菜の繊維が軟らかくなり味が入りやすくなります。とぎ汁でゆでた後は水でよく洗い、ぬめりとぬか臭さを取り除きます。こんにゃくと練り物は各々湯に入れ、再び沸き立つまでゆでます。

おでんは塩分が高めなのが弱点。栄養計算の値は、つゆを150ミリリットル飲む前提です。気になる方は、なるべくつゆを残すようにしてください。

材料 4人前

大根	½本
れんこん	1節
里いも	4個
こんにゃく	1丁
卵	4個
練り物	300g
早煮昆布(長さ20cmのもの)	4本
水	2ℓ
煮干し	60g
A 塩	小さじ2
A 醤油	大さじ1
A みりん	大さじ1
米のとぎ汁	適量

かしこいポイント!

煮干しはからいりしてすっきりと

煮干しは中火でからいりすると、澄んですっきりとしただしになります。煮干しは頭と胴に分け、頭からエラを除き、胴は半分に裂いてはらわたを除きます。身が小さい煮干しは、はらわたも小さいのでそのままでもOKです。

作り方

1. 早煮昆布はさっと洗って20分、分量の水につける。卵は水から10分ゆでて殻をむく。練り物は沸いた湯で約2分ゆでる。こんにゃくは好みの形に切り、沸いた湯で約2分下ゆでする。

2. 大根は6等分(幅3cm程度)、れんこんは4等分(幅1.5cm程度)の輪切りにして皮をむく。里いもも皮をむく。

3. 鍋に米のとぎ汁と2の大根を入れて火にかけ、煮立ってから5分ゆでる。2の里いも、れんこんを加えさらに5分下ゆでする。野菜をざるに上げ、水でよく洗う。

4. 煮干しは頭と胴に分け、頭からエラを除き(a)、胴は半分に裂いて、はらわたを除く。

生臭さの原因となるエラを除く

5. 1の昆布を取り出して結ぶ。つけておいた水も使うので、取っておく。鍋に4の煮干しを入れ、火にかけてからいりする。香りが立ったら昆布をつけていた水を注ぎ、煮立ったら弱火にしてアクを除く。15分煮てこす。

6. 深めの鍋に5のだし、Aを入れ、1の卵、こんにゃく、3、5の昆布を加えて火にかけ、煮立ったら火を弱め、少しずらしてふたをする。弱火で30分煮る。

7. 1の練り物を加えて(b)、さらにごく弱火で10〜15分煮る。

練り物は味が抜けないように煮すぎない

1人前 約260kcal/塩分3.6g/脂質8.1g

かぼちゃコロッケ

刻まず炒めず手軽に作る
家族みんなが大好きなおかず。
バターでコク、チーズでメリハリを

料理・ベターホーム協会　宗像陽子

合計20分

下準備15分
揚げる5分

かぼちゃは夏に収穫され、保存中に甘みを増します。煮物は苦手という人も、コロッケなら楽しめるのではないでしょうか。カロテンやビタミンCなどが豊富に含まれ、栄養面でもうれしい主菜です。

コロッケというと、材料を刻む、炒める、冷ます、成形、揚げる、と大仕事。しかし、今回は大まかに切ったかぼちゃをレンジで加熱。軟らかくなったところをフォークでつぶして成形します。刻まず炒めず手間いらずです。

かぼちゃには、バターと塩を加えます。「バターを加えてコクを出します。水分が少なくパサパサする場合は牛乳を少し足しましょう」、また「かぼちゃだけでは単調な甘みになりがちですが、チーズやコンビーフが入ると味にメリハリがつきます。たんぱく源を補う効果もあり、一石二鳥」と宗像さん。

材料 4人前・12個

かぼちゃ……500g
A［バター……10g
A［塩……小さじ¼
プロセスチーズ……30g
コンビーフ(低脂肪タイプ)……½缶(40g)
卵……½個
水……大さじ1
薄力粉……大さじ2
パン粉……½カップ
揚げ油……適量

作り方

1. かぼちゃは皮の汚れの気になる部分をそぎ落とし、種とワタを取り、3〜4cm角に切る。耐熱皿に並べ、ラップをかけて電子レンジ(500W)で5〜6分、軟らかくなるまで加熱する。

2. **1**が熱いうちにフォークの背などでつぶし(a)、Aを加えて混ぜる。トレーに広げ、12等分して冷ます(b)。

粗くつぶす程度で十分

a

b

3. プロセスチーズ、コンビーフはそれぞれ6等分し、一つずつ**2**で包み(c)、俵形に整える。

c

4. ボウルに卵と水を入れて混ぜ合わせ、薄力粉を加えてダマにならないようによく混ぜる。

5. **3**に**4**、パン粉の順に付ける。

6. 深めのフライパンに揚げ油を3〜4cm入れ、180度に熱する。**5**を静かに入れる(d)。時々転がしながら、2〜3分色よく揚げる。2回に分けて揚げると、油の温度が下がりにくくサクッと揚がる。

崩れ防止のため、表面が固まるまで触らない

d

1人前　約**300**kcal／塩分**0.8**g／脂質**16.0**g
＊チーズとコンビーフを1.5個ずつ食べた場合。

かしこいポイント！

衣作りにひと工夫

衣は薄力粉、卵、パン粉と順番にくぐらすのではなく、卵に水を加え、薄力粉と先に混ぜておきます。かぼちゃの周りに均一に膜ができるので、揚げたときにパンクしにくくなります。

さつまいもと生姜の天ぷら

もち粉でふっくら、食べ応えのある一皿
衣は少量、野菜の向きをそろえて
ひとまとまりにします

料理・藤井恵

合計 35 分

下ごしらえ15分
揚げる20分

長年受け継がれてきた郷土料理には、食材を生かす知恵があります。今回は南九州の郷土料理「がね」のアレンジ。藤井恵さんは鹿児島の農家レストランで初めて味わい、魅せられました。料理名の由来は、細切りにしたさつまいもを主にしたかき揚げで、揚げた形がカニ（がね）に似ていることから。

「さつまいもの甘さに生姜のピリッとした風味が加わり、冷めても味が落ちません。お弁当のおかずにもピッタリです」と藤井さん。もち粉入りの味付き衣が全体をまとめ、もっちりした食べ応えになります。衣は外がカリッとする仕上がりで、付ける量は少なめ。材料に絡んでやっとつながる程度で大丈夫です。

最初は箸でいじらずそっとしておき、表面が固まったところで表裏を返し、きつね色になるまで揚げます。フライパンに深さ2センチ程度油をはり、揚げ焼きにしても結構です。

材料 6人前

さつまいも(中)……1本(250g)
生姜……50g
にら……4本
長ねぎ……¼本
もち粉……大さじ6
薄力粉……大さじ6
卵……1個
A
　酒……大さじ1
　水……大さじ3
　醤油……大さじ½
　塩……小さじ¼
　砂糖……大さじ½
揚げ油……適量

作り方

1. さつまいもは厚さ3～4mmの斜め切りにし、重ねて細切りにし、水にさらす(ⓐ)。

変色しやすいため、
すぐに水へ入れる

2. 生姜は皮ごとせん切りにする。にらは長さ4～5cmに切る。長ねぎも同じ長さのせん切りにする。

3. ボウルにもち粉と薄力粉を入れ、泡立て器でよく混ぜる。中央をくぼませて、卵、Aを入れ、泡立て器で混ぜて衣を作る(ⓑ)。

ダマにならないように、
よく混ぜる

4. **1**の水気を切り、**2**とともに、**3**の衣に加えて混ぜる。

5. 揚げ油を170度に熱し、**4**をひと握りずつ形を整えて入れ(ⓒ)、3～4分かけてこんがりときつね色に揚げる。

野菜の向きをそろえ、ギュッと
手で握るとバラバラにならない

1人前　約305kcal／塩分0.4g／脂質18.4g

かしこいポイント！

もち粉と白玉粉の違い

もち粉はもち米を洗い乾燥させて粉にしたもの。白玉粉はもち米を水洗いし、うすで水を加えながらひき、沈殿したものを乾燥させます。もち粉がない場合は白玉粉で代用可。固まっているのでよくつぶし、ふるってから使いましょう。

◉淀大根のぜいたく煮

魚だしでことことと軟らかく煮た、シンプルでぜいたくな煮物

料理・戸村仁男

合計 85 分

下ごしらえ25分
煮る60分

大きく切った大根が、だしをあふれるほど吸い込んで、軟らかさは口の中でふわりと消えるほど。どうやって作るとこうなるか不思議です。

丸い姿の淀大根は、京都の伝統野菜です。生でかじると、みずみずしく繊維はきめ細かい。特徴は、いくら長く炊いても煮崩れないこと。辛みやえぐみがないので、下ゆでもしません。

うまみを強めるために一緒に入れるのが、白身魚のあら。中骨だけでもいいので、鮮度のよいものを見つけてください。

大根をどこまで軟らかくできるかは、大げさに言えば自分との勝負です。火が通った時点はスタートで、だしが減ったら足して、ただコトコトと。細い竹串で指先に伝わる感触によって、抵抗を感じなくなった段階がわかります。品のある煮汁に仕上がるように、塩をきかせ、醤油は香り付けというバランスに調えます。

材料 8人前

淀大根 ……… 1個（1.5〜2kg）
魚のあら（鯛、さわら、ひらめなど白身のもの） ……… 400g
かつおと昆布のだし（→P.104） ……… 2〜2.5ℓ
酒 ……… 50mℓ
塩 ……… 小さじ2
薄口醤油 ……… 大さじ1〜2
ゆずの皮 ……… 適量
溶き辛子 ……… 適宜

使う道具

ガーゼ・たこ糸

かしこいヒント！

淀大根

江戸後期に聖護院（しょうごいん）周辺で生まれ、南部の淀地区に栽培地域が広がった大根。なければ地元の「煮ておいしい大根」で作りましょう。分厚くむいた皮はきんぴら、または昆布と合わせて漬物にするなどして召し上がれ。

作り方

1. 淀大根は厚さ4cmの扇形を目安に、1切れの体積がだいたいそろうように切り分ける。茎を落とし、縦に四つ割りにしてから横に切る。輪の内側まで厚くむき（a）、角を面取りする。

筋が残らないように
輪の内側までむく

2. 魚のあらをボウルに入れ、熱湯を回しかける。流水の下で軽くこするようにして血やうろこを取り除く。骨が指に刺さらないよう注意。水分をふいてガーゼで包み、たこ糸を結ぶ。

3. 底の広い鍋に1を並べ、その上に2も入れて（b）かつおと昆布のだしを全体がかぶるまで入れ、酒を加える。強火で沸騰させ、出たアクをすくう。4〜5分続けて静かに沸く状態に火を弱め、落としぶたをして30分ほど煮る（c）。

4. 臭みが出ないようにあらの包みを取り出し、さらに10〜20分煮続ける。だしが減ったらつぎ足して大根が表面に出ないようにする。細い串などを刺して十分に軟らかくなっているのを確かめる。

5. 塩と薄口醤油で、やや濃いめに加減する。10分煮て火を止め、できれば3〜4時間おいて味を落ち着かせる。食べる分を汁と一緒に温め直し、器に盛ってゆずの表皮を刻むかおろすかしてのせ、好みで溶き辛子を添える。

1人前　約55kcal／塩分2.2g／脂質0.8g

●冬野菜のパルミジャーノ焼き

フライパンのすべりを利用して作る簡単おつまみ。チーズをカリッと焼いて香ばしく

料理・有馬邦明

合計30分

下ごしらえ20分
仕上げ10分

食卓に身近になったイタリア食材で、チーズの代表といえばパルミジャーノ・レッジャーノでしょう。パスタや煮込み料理の仕上げに、コクやうまみをプラスする要の食材。

今回、有馬邦明さんが提案するのは、焼きチーズ。「熱を加えることで香ばしくなり、存在感も増します」。冬場に食べたい根菜類を相棒に、カリカリした衣の食感の楽しいおつまみができました。切り分けたチーズは徐々に硬くなり、風味は失われていきます。使い切りメニューとしても覚えておくと便利です。

野菜は、ゆでても形が崩れないものが向いています。いもやにんじんのほかに、カリフラワーやブロッコリーも好相性。パルミジャーノ・レッジャーノは細かくおろすか、粉末で市販されているものを使いましょう。ほかのハードタイプや、ちょっとクセのあるチーズでも応用できます。

材料 2人前

にんじん……60g
じゃがいも(小)……1個
長いも……60g
かぶ(小)……1個
カリフラワー……30g
パルミジャーノ・レッジャーノ(すりおろす)……大さじ4
レモンの皮(すりおろす)・イタリアンパセリなど好みのハーブ・粗びきこしょう……各適宜

かしこいポイント！

成功の秘訣はフライパン

いかにチーズの衣を野菜に上手に付けるかが、成功の鍵。それはフッ素樹脂加工のフライパンに左右されます。新品ならいいのですが、一つ試してすべりが悪ければ、薄く油を塗ってみてください。

作り方

1. にんじん、じゃがいも、長いもは皮をむく(かぶは皮付きのまま)。皮など野菜くずは捨てずに取っておく。

2. パルミジャーノ・レッジャーノは広げて軽く乾かす。

3. 鍋に湯を沸かし、水1ℓに対して塩10g(分量外)を加え、塩分1％の濃度にする。**1**で出た野菜くずを入れてひと煮立ちさせ、湯に味と香りを付ける(ⓐ)。

4. **1**の野菜は硬いものから順に加えてゆでる。最初ににんじん、じゃがいもを入れ、5〜6分したら長いも、かぶ、またカリフラワーを加える。2分ほどでざるに上げて粗熱を取る。

5. **4**をそれぞれ厚さ1.5cmの輪切り、カリフラワーはひと口大に切る(ⓑ)。盛り付けたときに転がらないようにしたければ、反対側の面も平行に切る。

平らで広い面を作ると
チーズが付きやすい

6. フッ素樹脂加工のフライパンを中火で温める。**2**を小さじ1杯分こんもり置く。**5**を一つチーズの上に軽く押しつけながら、手でくるくると回してくっつける(ⓒ)。縁に焼き色がつき始めたらトングでひっくり返す。慣れるまでは1〜2個ずつ作業するとよい。

7. 皿に盛り付けて、レモンの皮、イタリアンパセリなどのハーブ、粗びきこしょうを好みでふりかける。

1人前　約120kcal／塩分0.5g／脂質3.8g

●ペペロナータ

トロン、パプリカが変身。じっくり弱火で、皮つるり。ゆずこしょうがさわやかな香りです

料理・有馬邦明

合計 25分

下ごしらえ15分
仕上げ10分

イタリア語ではペペローネ。カラフルで肉厚のパプリカは、国産品も増えて、ずいぶん身近になりました。

　サラダの彩りにもいいけれど、主役としてたっぷり食べてほしい。生ではシャキシャキしてさわやかな味わいが、火を通すことでトロンとなめらかに。甘みも凝縮してきます。焼いてオイルソースをかけた「ペペロナータ」なら、パンにのせたり、ワインのおつまみにしたり、日々の食卓に寄り添います。

　オリーブ油のソースには、アンチョビを溶かし込んで味付けしました。油の熱で魚のにおいが香ばしい風味に変われば、パプリカの持ち味を邪魔することはありません。遊び心でさわやかなゆずこしょうを加えましたが、パンチが欲しければ唐辛子やにんにくでも。熱々のソースを回しかけて、味がなじめば完成です。冷やしてよし、温めるのもいいものです。

材料 6人前

パプリカ……3個
新玉ねぎ……1/4個
オリーブ油……大さじ2
アンチョビ（粗く刻む）……1枚分
ゆずこしょう・イタリアンパセリ（みじん切り）・青ゆず（皮のみ）……各少々
塩……少々

作り方

1. 焼き網を十分熱し、弱火にしてパプリカをのせ、時々転がすように向きを変えながら焼く。押すと軟らかくなり、表面に細かくしわが寄ってきたら（ⓐ）火を止めてアルミホイルで包み、コンロの網の上に戻して余熱で5分ほど蒸らす。

2. 新玉ねぎを薄切りにしてボウルに入れ、塩少々をふって混ぜる。
3. 1の皮をむく。手でだいたい取ってからナイフで表面をこするときれいに取れる。中のエキス分をボウルで受けながら縦に切り込みを入れて開き、芯と種を取って食べやすい幅に切る。エキスは茶こしで種を除いて上からかける（ⓑ）。塩を軽くふって盛り付け、皿に並べる。

中のエキスはうまみ。パプリカに絡める

4. 2を手で絞って水分を切り、3の上に散らす。
5. 小鍋にオリーブ油を熱し、粗く刻んだアンチョビをジューッと音がする温度で入れる。スプーンでつぶしながら溶かし混ぜる（ⓒ）。香りが立ったらゆずこしょうを混ぜて火から外し、イタリアンパセリを加える。

6. 5を4に回しかけ、青ゆずの皮をおろしかける。少し時間をおいて味をなじませる。

1人前　約60kcal／塩分0.5g／脂質4.2g

かしこいポイント！

パプリカの皮のむき方

パプリカは軟らかくなるまで火を通すことによって、表面のしっかりした皮をむく目的があります。強火で真っ黒にする方法もありますが、有馬邦明シェフは弱火派。熱を全体に行き渡らせて余熱で蒸らすと、つるりとむけます。

春雨と春キャベツの香り煮

さつま揚げでコクをプラス。春雨は直接煮込み、スープを吸わせて戻します

料理・市川友茂

合計20分

下ごしらえ10分
火を入れる10分

買い置きがきく乾物は、献立に悩んだときの強い味方。今回は春雨を中国風に煮込み、香味野菜で香りよく仕上げました。

春雨は戻さず煮込むため、カット済みのものを使うか、はさみで10センチ程度に切りましょう。春雨が切りにくい場合は戻してからでも構いませんが、戻した春雨を使う場合は、2～3割スープの量を減らしてください。

食材はどれもなじみのものばかりですが、「さつま揚げが入ることで味に奥行きが加わります」と市川友茂さん。魚のうまみと甘みがスープに出るためです。ちくわでも代用できます。

キャベツとにんじんは、歯応えが残るよう炒め時間は短く、一味唐辛子は好みで量を調整します。カレー粉は風味付け。辛さに影響はしませんが、香りやうまみを引き立てる効果があります。頭付きのえびを一緒に煮込んでもおいしくいただけます。

材料 4人前

- 春雨（乾燥・カット済み）……60g
- さつま揚げ……1枚（50g）
- 春キャベツ……60g
- にんじん……10g
- 玉ねぎ……40g
- にんにく……1片（5g）
- 生姜……1片（5g）
- 一味唐辛子……少々
- サラダ油……大さじ2
- ごま油……小さじ1
- A
  - オイスターソース……大さじ2
  - カレー粉……少々
  - 中華スープ……400mℓ

作り方

1. さつま揚げは半分に切り、小口から薄切りにする。春キャベツ、にんじんは食べやすい長さの細切りにする。玉ねぎ、にんにく、生姜はみじん切りにする。
2. 小ボウルにAを合わせておく。
3. フライパンにサラダ油大さじ1を熱し、1のキャベツとにんじんをさっと中火で炒め、取り出す。
4. 3のフライパンにサラダ油大さじ1を熱し、1の玉ねぎ、生姜、にんにくを入れ、一味唐辛子をふって弱火で炒め、1のさつま揚げを加え、さらに炒めて香りを出す（a）。

5. 2の調味料と春雨を加えて、中火〜強火で5分ほど煮る。
6. 汁気が少なくなってきたら3を戻し入れ（b）、ごま油を加えて（c）軽く混ぜる。

ごま油は香り付けに最後に加える

かしこいヒント！

煮込みには緑豆春雨がおすすめ

春雨は戻さずに直接フライパンに入れて煮込みます。時短になるだけでなく、春雨がスープを吸って味が染み込み、仕上がりのおいしさもアップ。煮込み料理には、火を通しすぎても軟らかくなりにくい緑豆春雨が向いています。

1人前　約155kcal／塩分1.9g／脂質7.6g

焼きトルティーヤ

味が決まる万能サルサで目先の変わったレシピも簡単。トマトとハーブでさわやかな味に

料理・藤井恵

合計20分

サルサを作る5分
仕上げ15分

これさえあれば料理の味が決まるというソースを知っていると、心強いもの。藤井恵さんが紹介するトマトサルサはそんな一品です。手早くできて、油を入れないのにうまみは豊富。今回はメキシコ料理でおなじみ、薄焼きパンにも似ているトルティーヤに添えます。

　このソースははちみつがうまみをアップ、白ワインビネガーで味を引き締めます。調味料の力があるので、トマトは味がぼけていたりちょっと青かったりしても大丈夫。

　紫玉ねぎの代わりに普通の玉ねぎでも結構です。みじん切りにした後に一度ふきんで包んでもみ、水で洗い、強い辛みを和らげます。また青唐辛子がなければ一味唐辛子で代用可能。「ただ、青い香りがこのサルサの魅力。ピーマン少量を刻んで加え、香りを補うとよいでしょう」と藤井さん。冷蔵庫に入れれば2〜3日は日持ちします。

材料 2人前

- トルティーヤ(直径18cm) …… 4枚
- ピザ用チーズ …… 60g
- パプリカ …… ½個
- 紫玉ねぎ …… ¼個
- ハム …… 3枚

トマトサルサ

- トマト(中) …… 1個(150g)
- 青唐辛子 …… 1本
- 紫玉ねぎ …… ⅙個
- コリアンダー（生。好みで） …… 1株
- 白ワインビネガー(酢でも可) …… 小さじ1
- 塩 …… 小さじ⅓
- はちみつ …… 小さじ1

- コリアンダーの葉(飾り用) …… 少々

作り方

1. トマトサルサを作る。野菜はすべてみじん切りにする。青唐辛子はへたを取って種ごと、コリアンダーは根も葉もみじん切りにして(a)、トマト、紫玉ねぎとともにボウルに入れる。残りの材料を加えてよく混ぜ、10分以上おく。

根も香りがよいので、よく洗って刻む

2. パプリカと紫玉ねぎをみじん切りにする。ハムは細切りにする。

3. トルティーヤ1枚の半分に、ピザ用チーズ、2のパプリカ、紫玉ねぎ、ハムの各¼量をのせ(b)、二つ折りにして半月形にする。残り3枚も同様に作る。

4. フライパンに3をのせ、フライ返しで上から時々押さえながら、中火で2〜3分ずつ両面を焼く(c)。皿に盛ってコリアンダーの葉をのせ、1を添える。

皮がパリッと焼けたらできあがり

1人前　約500kcal／塩分3.8g／脂質17.6g

かしこいヒント！

サラダや焼いた肉、魚にも

このサルサでゴーヤーサラダもおすすめ。①ゴーヤーは種とワタを除き、薄切りにして塩少々をふり、少しおいてしんなりさせる。②熱湯でさっとゆでて水気を絞り、器に盛ってオリーブ油少々とサルサをかける。焼いた肉や魚にもどうぞ。

◉空豆のサラダ

和の食材をつまみにワインで乾杯。豆腐はやさしく水気を切って、チーズの代役に

料理・有馬邦明

合計35分

下ごしらえ30分
仕上げ5分

これはいったい何料理?と思いながら口に運ぶと、味わいはイタリアン! さわやかな緑色は空豆、白いふわふわは豆腐という組み合わせのサラダです。和の素材をパンとワインにぴったり合わせるのは、有馬邦明さんの発想法です。

「日本のイタリア料理」を掲げる有馬さんは、同じ特徴を持つ素材は、置き換えて使えることを教えてくれます。発酵食品のチーズの代わりに味噌、アンチョビがいかの塩辛といった具合。今回はチーズを豆腐に。イタリアでは低脂肪でフレッシュタイプのリコッタチーズを使うところを豆腐に置き換え、粉チーズでコクと風味を補います。

ポイントは、豆腐の水気を切っておくこと、ゆで湯の塩で素材に下味を付けること。

刻んだイタリアンパセリは清涼感を加えます。なければ何に置き換えられるか、発見が作り手の味になります。

材料 4人前

空豆(さやをむいたもの)……200g
新玉ねぎ……½個
木綿豆腐……1丁
にんにく(すりおろし)……小さじ½
粉チーズ(パルミジャーノ・レッジャーノ)……30g
イタリアンパセリ(粗く刻む)……2枚
塩……適量
オリーブ油……大さじ1

作り方

1. 木綿豆腐はペーパータオルでふき取る程度に水切りする。新玉ねぎは1cm角に切る。

2. ボウルに**1**の豆腐を手で握りつぶしながら入れる。にんにくとパルミジャーノ・レッジャーノの半量を加えて(ⓐ)混ぜる。

3. 鍋に湯を沸かし、1%(1ℓに対して10g)の塩を加え、空豆を入れる。2分ほどして豆がぷっくり膨れてから、さらに1分ゆでる。**1**の新玉ねぎを加えて30秒したら一緒にざるにあげて広げ(ⓑ)、水気を切る。

空豆は軟らかめ、玉ねぎは歯応えを残して持ち味を生かす

4. **3**の空豆の薄皮をむく。温かいうちに粗みじん切りにし(ⓒ)、玉ねぎとともに**2**に加えて混ぜる。

5. 塩小さじ½をふり入れて混ぜ、イタリアンパセリも加える。味をみてチーズの残りを加減して加えて混ぜる。オリーブ油を全体に絡めるように混ぜ、器に盛る。

1人前　約**285**kcal／塩分**1.0**g／脂質**9.4**g

かしこいポイント！

オリーブ油で香りとコクを

「使うのは少量ですが、オリーブ油は調味料の決め手。風味のよいものを選んでください」と有馬さん。温かいうちに全体をあえたら、ひと呼吸おきます。全体に味がなじんで辛みや苦みが加わり、物足りなく感じません。

大豆と豚肉の煮込み

豆と豚肉のコクやうまみがたっぷり。
乾燥豆でも意外に簡単なので、
おおらかに煮ましょう

料理・大庭英子

合計
100
分

大豆を煮る、焼く60分
煮込む40分
※豆を浸す時間を除く

ミネラルや食物繊維が豊富な豆。乾燥豆から戻す手間をおっくうに感じるかもしれませんが、ふっくら上手に煮るのは意外に簡単で、おいしさは格別。

大豆は皮が硬く煮えにくいので、8時間〜一晩かけ、十分に水を吸わせます。水は豆の3倍量が基本。鍋はふたがピッチリ閉じる厚手のものを選びましょう。ふきこぼれないよう、豆と水を入れても深さに余裕があるものを。火にかけて煮立ったら、豆が踊らない程度に火を弱め、ゆっくり1時間。途中で豆が顔を出していたら、かぶるまで水を加えます。指でつまみ、軟らかくつぶれるようになったら煮えた合図です。

このままさっと醤油をかけるだけでもおいしいのですが、今回は豚肉と煮込みました。先に甘みのある調味料で煮て味を付けた後、醤油を足します。大豆は煮崩れにくいので失敗を恐れず、おおらかな気持ちでどうぞ。

材料 6人前

豚ばらかたまり肉……350g
大豆……2カップ(300g)
A
- 生姜(皮ごと薄切り)……大1片
- 赤唐辛子……1本
- 酒……大さじ3
- みりん……大さじ2
- 砂糖……大さじ1

醤油……大さじ3
サラダ油……少々

作り方

1. 大豆はボウルに入れて水で洗って鍋に入れ、3倍の水を加えて8時間〜一晩おく。

2. つけ汁のまま、強火にかける(ⓐ)。煮立ってきたら火を弱め、アクはすくい取る(ⓑ)。豆が指でつまんでつぶせるぐらいになるまで、ふたをして弱火で約1時間煮る。

豆を戻したうまみ
たっぷりのつけ汁で煮る

3. 豚ばらかたまり肉は2.5cm角程度の食べやすい大きさに切る。

4. フライパンにサラダ油を熱し、強火で3を焼き、全体に焼き色をつける。余分な脂はペーパータオルに吸わせて除く(ⓒ)。

5. 2の鍋が冷めていたら火にかけて温め、4、Aを加える。軽く混ぜてふたをし、弱火で20分煮る。

6. 醤油を加え(ⓓ)、さらに20分煮込む。

煮汁はひたひたに。
足りなければ水を足す

1人前 約485kcal/塩分1.4g/脂質31.5g

厚揚げと魚介のいり煮

冷凍なのにふっくら。凍ったままいり煮にして臭みを除くといつもよりぐんとおいしい

料理・ベターホーム協会　宗像陽子

合計 15 分

下ごしらえ10分
炒めて煮る5分

おかずに少し「ごちそう感」を出したいとき、すぐに使えて便利な冷凍のシーフードミックス。ただ、「硬くなる」「生臭くなる」のが悩みですね。中華炒めやピラフなど、使うメニューが決まっているという方も多いのではないでしょうか。そこで今回は、白いご飯に合う和風のお総菜で、上手に使うコツをお伝えします。ふっくらした食感と魚介の風味が残り、いつものシーフードミックスがワンランクアップします。

「臭みのもとは、解凍時に出る水分。凍ったまま酒いりにすることで、短時間で解凍し、出た水分を切って臭みを除きます」と宗像陽子さんは話します。

最後に加える前にシーフードミックスに片栗粉をまぶすのは、膜を作って水気を出にくくさせるため。ふっくらした仕上がりになり、うまみも損ないません。きくらげは、なければ生しいたけでも代用できます。

材料 4人前

厚揚げ(絹)	300g
にんじん	50g
さやえんどう	50g
きくらげ	4〜5個
長ねぎ	10cm(20g)
シーフードミックス(冷凍)	200g
酒	大さじ1
片栗粉	小さじ1
A 砂糖	大さじ½
A 醤油	大さじ1½
A みりん	大さじ1
A 水	大さじ2
ごま油	大さじ½

作り方

1. 厚揚げは食べやすい大きさに手でちぎる(a)。きくらげは水で戻す。

断面が凹凸になり、味が絡みやすくなる

2. にんじんは厚さ1mmの短冊切り、さやえんどうは筋を取り、大きければ半分に切る。1のきくらげは石づきを取り(b)、一口大に切る。長ねぎは小口切りにする。

3. フライパンにシーフードミックスと酒を入れ、中火にかけ、少し色が変わるまでいり煮にする。ざるに上げ、水気を切る(c)。

出た水気とともに、臭みを除く

4. フライパンにごま油を熱し、2を中火で炒める。しんなりしたら1の厚揚げとAを加え、1〜2分煮る。3に片栗粉をまぶして加え(d)、さらに1〜2分煮る。

片栗粉をまぶして軟らかさとうまみを保つ

1人前　約**195**kcal/塩分**1.4**g/脂質**10.4**g

かしこいヒント!

加熱は最低限に

シーフードミックスは酒いりのときに長く炒める必要はありません。色が少し変わる程度にとどめましょう。あらかじめ軽く火を通しておくと、調理の最終段階で再度合わせるだけなので、身が縮まず、食感も悪くなりません。

黒豆

ふっくら、つやつやの秘密は弱火でことこと。時間がおいしさを引き出します

料理・ベターホーム協会　宗像陽子

合計 5~6 時間

準備5分
煮込む5～6時間
（※豆をつけおく時間を除く）

既製品のおせちがバラエティー豊かになっていますが、年に一度、腕をまくっておせちを作るのも、お正月に向けて気分が高まりますね。

今回紹介するのは、「まめ(豆)に働き、まめに暮らせますように」との願いが込められた、おせち料理に欠かせない黒豆。

豆を乾燥した状態から直接煮汁につけてゆっくり戻すことで、初心者でも失敗なくふっくら煮上がります。「おいしさは時間が引き出してくれます」と宗像陽子さん。

鍋は保温力が高く、煮汁がゆっくり対流するよう、厚手のものを選びましょう。元日に味が染みるよう、3～4日前に作り、一日一回煮返すのがおすすめです。

より黒くするには、さび釘を布に包んで一緒に煮ます。鉄イオンの働きで鮮やかな漆黒に。食べきれなければ小分けにし、煮汁ごと冷凍できます。

材料 作りやすい分量・10人前

黒豆（乾燥）……300g

A
- 水……1.6ℓ
- 砂糖……240g
- 醤油……大さじ2
- 塩……少々

作り方

1. 黒豆は水でやさしく洗い、ざるに上げて水気を切る。

2. 鍋にAを合わせる。**1**を入れて一晩（約8時間）そのままおく（ⓐ）。

豆はもとの大きさの2倍ほどになる

3. **2**を強火にかけ、沸騰したらていねいにアクを取る（ⓑ）。

4. 鍋の表面が静かに沸騰を保つくらいの弱火にし、落としぶたをする（ⓒ）。鍋のふたを少しずらしてのせ、5〜6時間煮る。まとめて時間を取れなければ途中で火を止めてもよい。トータルで5〜6時間煮る。

豆が踊らないよう泡立つ程度の弱火に

5. 時々ゆで加減を確認する。常に豆に煮汁がかぶっているようにし、煮汁が足りなくなったら、水を足す。指で縦につぶしてみて、すぐにつぶれるくらいになれば完成（ⓓ）。煮汁につけたまま一晩おき、味を含ませるとよりおいしくなる。

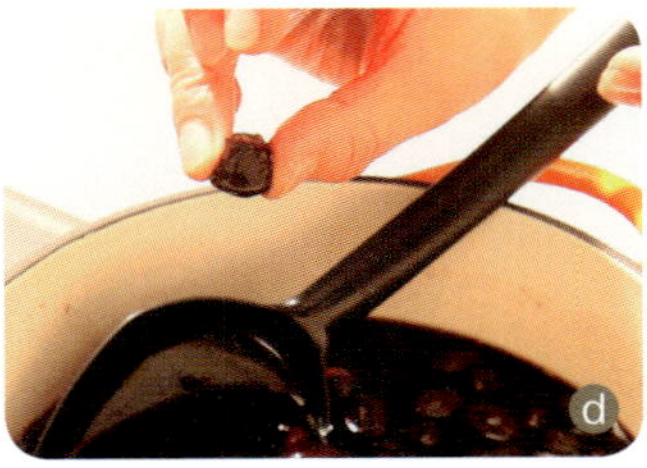

1人前　約145kcal／塩分0.3g／脂質5.4g

かしこいポイント！

ふっくら仕上げの秘訣

戻してから味を付ける方法もありますが、砂糖を一度に加えると濃度が上がって豆の水分が引き出され、しわが寄りやすくなります。また、煮汁が蒸発して豆が出てきたら、必ず水を。豆の表面が出ていても、しわの原因になります。

お酒が進む絶品つまみ

おうちでお酒を楽しむ方が増えてきています。晩酌のお供に、おもてなしに、気のきいたおつまみがあると、お酒がよりおいしくなります。いつもの材料でちょっと目先の変わったおつまみを作りませんか。

肩肘を張らない普段のおつまみは居酒屋がお手本

料理・関口浩二

高級割烹店から繁華街の気軽な居酒屋、ガード下の立ち飲み店まで、酒肴のおいしい店がバラエティ豊かに揃う日本。でも仕事帰りに向かうなら、温かみのある雰囲気のなか、気のきいた肴が揃う居酒屋でほっとひと息つきたいもの。

東京都足立区にある創業46年の「こんちゃん」もそんな店。父から引き継いだ味に独自の工夫を加えている店主の関口浩二さんに、人気のおつまみを教えてもらいました。

のりを最後に散らして風味を生かす

大和いもの揚げ浸し

「揚げ物を食べたいけれど、胃にもたれて…」というお客さんの言葉をきっかけに、磯辺揚げをアレンジしたそう。吸い地を張ることであっさりいただけます。彩りの干しえびの代わりに三つ葉やにんじんでも。

合計30分
下ごしらえ25分
仕上げ5分

材料 2人前

- 大和いも……300g
- ほうれん草……1/4束
- 焼きのり……1/4枚
- 干しえび……大さじ1
- 卵白……大さじ1
- 白髪ねぎ……少々
- 揚げ油……適量

吸い地

- かつおのだし……300mℓ
- 白醤油……大さじ1
- みりん・砂糖……各小さじ1
- 塩……小さじ1/2

- 穂じそ……適宜

1人前 約260kcal／塩分1.8g／脂質7.2g

作り方

1. 鍋に吸い地の材料を合わせて火にかけ、沸騰してきたら火を止め冷ましておく。
2. 大和いもの皮をむいてすりおろす。
3. 卵白はよくかき混ぜ、塩少々（分量外）を加える。
4. 2と3を合わせ（a）、干しえびを加えてよく混ぜる。
5. ほうれん草をゆで、1に約10分浸し、長さ4cmに切る。
6. 4を適当な大きさに分け、中火でうっすらきつね色になるまで素揚げにする（b）。
7. 器に6を盛り、5のほうれん草を添える。吸い地を温めて上からかけ、焼きのりをちぎって散らし、白髪ねぎをのせる。あれば穂じそを添える。

生クリームで豆腐とフルーツをつなぐ

柿の白あえ

吸い地に浸すのはひと手間ですが、これで白あえ全体がまとまります。あれば、仕上げにいったぎんなんと穂じその花を散らしましょう。ぬる燗の純米酒と合わせれば、至福のひとときです。

合計 35 分
下ごしらえ30分
仕上げ5分

材料 2人前

- 柿(種なし) …… 1個
- 生しいたけ …… 1個
- ほうれん草 …… ¼束
- 吸い地(→P.74) … 約300mℓ

白あえ衣

- 絹ごし豆腐 …… ½丁
  - 白醤油 …… 小さじ1
  - 砂糖 …… 小さじ1
  - 白すりごま …… 小さじ½
  - 味噌 …… 小さじ½
  - ごま油 …… 小さじ½
  - 生クリーム …… 小さじ2
- いったぎんなん、穂じその花 …… 適宜

生クリームを入れると
コクがアップ

作り方

1. 生しいたけは石づきを切り落とし、縦半分に切る。生しいたけ、ほうれん草をそれぞれゆで、吸い地に30分以上浸す(a、b)。
2. 柿の皮をむき、1.5cm角に切る。
3. 1の生しいたけとほうれん草は汁気を切って食べやすい大きさに切り、2と合わせる。
4. 白あえ衣を作る。絹ごし豆腐は水を切って、裏ごししてボウルに入れ、生クリーム以外の材料を加えて混ぜる。生クリームを加えさらに混ぜる(c)。
5. 3を器に盛り、4をかける。あればいったぎんなん、穂じその花を散らす。

1人前 約*145*kcal／塩分*0.6*g／脂質*6.5*g

いちじくの白あえ

柿の代わりにいちじくもおすすめ。いちじくの皮をむいて8等分に切り、切り口を上にして並べ、いちじくの上に白あえを適量のせます。あれば穂じその花を散らします。まるでデザートのような味わい。

お酒が進む
絶品つまみ

お酒の締めに、温かいご飯にのせてどうぞ

豆腐炒め

おつまみとしてはもちろん、締めにもおすすめ。コク出しの裏方として活躍するのが揚げ玉。豆腐を入れた後、すぐ揚げ玉を加えると豆腐の水分を吸い、しっとりします。

合計15分
下ごしらえ5分
仕上げ10分

材料 4人前

絹ごし豆腐		1丁
合いびき肉		30g
揚げ玉		30g
にら		3本
卵		2個
濃口醬油		大さじ1
A	白醬油	小さじ2
A	かつおのだし	小さじ2
A	みりん	小さじ2
A	塩	小さじ½
A	砂糖	少々
うまみ調味料		少々
サラダ油		大さじ1½
白いりごま		少々

作り方

1. にらを幅約8mmに刻む。小ボウルにAを合わせる。
2. 大フライパンにサラダ油を熱し、合いびき肉を炒める。火が通ったら、絹ごし豆腐を加え、へらで崩しながら中火で炒める(a)。
3. 揚げ玉を加えて炒め合わせ、揚げ玉がしっとりしてきたら、1のにらを加える(b)。
4. 濃口醬油、A、うまみ調味料を順に加え、そのつど炒め合わせる。
5. 卵を割り入れて黄身をつぶしながら炒め混ぜ(c)、皿に盛って白いりごまを散らす。

手早く黄身をつぶしながら混ぜる

1人前　約210kcal／塩分1.8g／脂質14.4g

多彩な食感が箸休めにうれしい

きのこのきんぴら

お酒の合間に箸休めがあるとうれしいですね。炒めはじめたら常に強火にして、汁気をしっかり飛ばしてください。砂糖と醤油は味をみながら何回かに分けて入れ、少し甘めに。一日寝かせると、ぐっと味がのります。

合計25分
下ごしらえ15分
仕上げ10分

材料 作りやすい分量

生しいたけ……3枚
しめじ・ひらたけ・エリンギなど……計250g
にんじん……少々
れんこん……100g
さやいんげん……5本
鶏皮……50g
A 醤油……100mℓ
A 砂糖……大さじ3
A みりん……大さじ2
A 酒……大さじ2
ごま油……大さじ2

1人前 約*80*kcal／塩分*2.2*g／脂質*4.2*g

作り方

1. きのこ類は、石づきを取ってそれぞれ一口大に切る。
2. さやいんげんは食感が残るぐらいにゆでて、幅2〜3cmの斜め切りにする。
3. にんじんをきのこぐらいの大きさの短冊状に切る。れんこんもにんじんと同じ大きさに切る。
4. 鶏皮はゆでて、みじん切りにする（a）。
5. 鍋にごま油をひき、3を入れて強火で軽く炒め、油が回ったら1をすべて加えて、さらに炒める。
6. 4、Aを加える。醤油と砂糖は味加減をみながら加える（b）。汁気がほとんどなくなるまで、一気に強火で炒め、最後に2を加えて、軽く炒める。

味が均一に広がるようサッと全体を混ぜる

おもてなしにぴったり
夏のおつまみ三品

暑さが続き、体調が崩れがちな夏、
冷えたビールに、食欲を刺激する
おつまみを用意しましょう。

前菜皿に盛り合わせて
よそゆき顔に。
お客さまにも喜ばれます。

合計25分

卵白10分　なす10分　卵黄５分
（※冷凍解凍時間を除く）

１人前（三品）　約275kcal／塩分2.1g／脂質18.1g

料理・市川友茂

夏野菜がたっぷり。色鮮やかな酒の肴たち

夏のおもてなしに何を作りますか。メーンの大皿料理も楽しいですが、その前にお酒に合うちょっとした前菜があるとワクワク感が高まりますね。

　肩肘を張らず、それでいて気がきいている、そんな三品を紹介します。いずれも冷菜か、冷めてもおいしいメニュー。事前の作り置きもでき、彩り鮮やかでホームパーティーにぴったり。

　白いご飯にも合うので、普段のおかずとしても活躍します。

卵白が残ったときに便利な一品！

卵白のふわふわ炒め

バニラアイスのフワッとした甘い香りが風味を引き立てます。砕いたせんべいや揚げた春巻きの皮をトッピングしても食感に変化がつきます。

材料 4人前

- 卵白……4個分
- スナップえんどう……2本
- ロースハム……1枚
- A
  - 片栗粉……大さじ1
  - 牛乳……50mℓ
  - バニラアイスクリーム……20g
  - 塩……小さじ¼
- サラダ油……大さじ1½
- ピーナッツ（粗く砕いたもの）……適量

作り方

1. スナップえんどうはさっとゆで、小さく切る。ロースハムも小さく切る。
2. ボウルにAを順に入れてよく混ぜる。卵白、1を加えて軽く混ぜる。
3. フライパンにサラダ油を熱し、弱火にして2を入れる（ⓐ）。へらで底からゆっくり返しながら火を通す。
4. 全体に固まってきたら、器に盛り付けてピーナッツをふりかける。

ねぎ、生姜の香りが食欲を刺激する

なすの香味ソースがけ

切り目を入れて加熱したなすに、香味野菜を加えた酢醤油が染み込み、満足感いっぱい。トマトとレモンのさわやかな酸味を加えて味に奥行きを出します。

材料 4人前

- なす……160g（約2本）
- ミニトマト……4個
- レモン（輪切り）……2枚

香味ソース

- 砂糖……大さじ1
- 酢……大さじ1
- 醤油……大さじ1
- ごま油……大さじ1

- ねぎ（みじん切り）……10g
- 生姜（みじん切り）……10g
- パセリ（みじん切り）……大さじ2
- 一味唐辛子……適量

作り方

1. なすは縦二つに切り、皮目に格子状に切り込みを入れる。水にさらして水気をふき、全体にサラダ油（分量外）を塗る。
2. 皿に1の皮目を上にして置き、ラップを軽くかぶせ、約3分電子レンジ（500W）で加熱する。ラップを外し、冷まして一口大に切る。
3. ミニトマトは縦二つに切り、レモンは4等分のいちょう切りにする。
4. 小ボウルに香味ソースの材料を合わせて混ぜ、ねぎ、生姜、パセリ、一味唐辛子を加えて混ぜる。
5. 別のボウルに2、3を入れて軽く混ぜて器に盛り、4をかける。

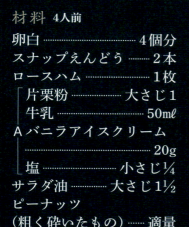

卵の特性を生かした絶品おつまみ

卵黄の紹興酒漬け

冷凍した卵は、解凍しても黄身だけがぷるんと固まったままです。濃厚でとろんとした黄身の食感と紹興酒の辛みが溶け合い、大人の味に。残った調味液は野菜の炒め物やギョーザの味付けに使えます。

材料 4人前

卵……4個

A
- 紹興酒……20mℓ
- 醤油……60mℓ
- みりん……60mℓ
- にんにく（薄切り）……2～3枚

作り方

準備

1. 卵は密閉容器に入れ、殻ごと一晩冷凍する。
2. 冷蔵庫で一晩解凍する（a）。

漬け込む

3. Aを小ボウルに合わせる。
4. 2の殻をむいて卵黄を取り出し（b）、水を張ったボウルの中で表面の薄い膜を取り除く。
5. 4を3につけ（c）、時々天地を返しながら冷蔵庫に5～6時間おく。

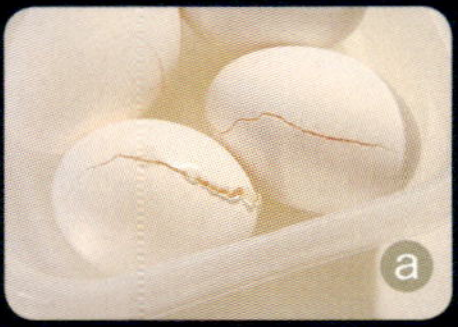

子どもも食べるときは酒を除き、みりんを増やす

かしこいヒント

解凍後も卵黄が溶けない理由は?

生の卵黄100g中に、たんぱく質は16. 5g、脂質は33. 5g含まれています。脂質は凍ると変性して固まり、解凍後も溶けません。一方、卵白は、たんぱく質が10. 5gで、あとはほとんどが水分です。この性質の違いが、解凍後に溶けるかどうかの違いとなります。

胃袋も大満足！

第3章

ごはん、麺、パン

炊き込みご飯、パスタ、パンはひと皿でも満足度が高く、時間がないときにも重宝する人気メニューです。仕上がりの決め手は炭水化物と主食材をどうマッチングさせるか。この章では、子どもも大人も大好きな味付けのレシピをご提案しています。

菜の花ちらし

合わせ酢はご飯が熱々のうちに混ぜるのがコツ。味がなじんでぐっとおいしくなります

料理・松本忠子

合計 45 分

下ごしらえ35分
混ぜる・盛りつける10分
(※炊飯時間・しいたけの戻し時間を除く)

一面に広がる花畑のようないり卵に、緑のアクセントも鮮やかな「菜の花ちらし」を松本忠子さんに教わります。

すし飯に対する具材の量が多く、食べ応えも十分。具材のちくわは魚のうまみを加え、シャキシャキしたれんこんの歯触りも楽しめます。にんじんも食感を残すため、最後に入れて炒めましょう。

いり卵は菜箸を2～3膳合わせて持ち、絶えず動かしながら火を通しましょう。細かくほぐれ、盛り付けたときの見た目もキレイに仕上がります。

ご飯の上にいり卵を敷き詰める場合は、卵の量を増やしてください。ゆずや生姜のせん切りをのせても風味がよくなりますし、豪華にするならえびや焼き穴子もおすすめ。小鯛の笹漬けを加えて彩りを楽しむこともできます。

材料 4～5人前

米……3合

合わせ酢

- 酢……大さじ6
- 砂糖……大さじ3
- 塩……小さじ1強

干ししいたけ……5枚

油揚げ……2枚

にんじん……100g

れんこん……80g

ちくわ（細め）……4本

具材の煮汁

- A
  - かつおと昆布のだし……1½カップ
  - 酒……大さじ2
  - みりん……大さじ2
  - 砂糖……大さじ3
  - 塩……小さじ½
- 醤油……大さじ1

卵……3個

- B
  - 砂糖……大さじ1
  - 塩……小さじ¼

菜の花……½把

サラダ油……小さじ2

かしこいヒント！

具材は一度に煮る

ちらしずしといえば、一つ一つ具材を下ごしらえするのが大変そう、と感じる方もいるかもしれません。でも、今回は炒め煮にした具材を混ぜるだけ。「味も決まり、作りやすいですよ」と松本さんも太鼓判を押します。

作り方

1. 米を通常より少なめの水加減で炊いておく。炊飯器に「すしめし」の表示があれば、表示に従う。干ししいたけは水で戻す。油揚げに熱湯をかけて油抜きをする。

2. 合わせ酢の材料を小鍋に入れ、火にかける。よく混ぜながら調味料を溶かし、冷ます。

3. 1のしいたけと油揚げ、にんじんは細切りに、れんこん、ちくわは小口から薄切りにする。れんこんは大きければ適宜切る。

4. 鍋にサラダ油小さじ1を熱し、3のにんじん以外を入れて炒める。油がなじんだら具材の煮汁のAを加えて煮含める。ふつふつしてきたら醤油を入れ、3のにんじんを加え（a）、数分煮る（b）。汁気を切り、人肌に冷ます。

a

b

5. ご飯が炊けたら盤台にあけ、2を回しかけ（c）、しゃもじで切るように混ぜる。すし飯を平らにならし、上下を時々返しながら人肌に冷ます。

熱々のうちに合わせ酢を混ぜると味が入りやすい

c

6. 卵を溶きほぐし、Bを加えて混ぜる。フライパンにサラダ油小さじ1を熱して卵液を入れ、いり卵を作る。

7. 鍋に水と塩少々（分量外）を入れて沸かし、菜の花を入れ色よくゆでて水気を絞り、適宜切る。

8. 5に4を加え、さっくり混ぜる。具材をすし飯の上に平均に置き、しゃもじで十字に印を付け、¼ずつ混ぜるとむらなく混ざる。

9. 器に8を盛り、上面に6と7を彩りよく散らす。盤台のまま盛り付けてもよい。

1人前　約615kcal／塩分3.8g／脂質9.8g

鶏ごぼうご飯

具を炒めて、コク深く味付けし ごちそう感のある混ぜご飯に。 少し蒸らしてなじませましょう

料理・藤井恵

合計 55分

炊飯・下ごしらえ50分
混ぜる5分

食卓に味付けご飯があるといつもより少しごちそうの雰囲気が漂います。大分の郷土料理「とりめし」は、来客やお祭りのときに作る一品で、藤井恵さんは宇佐市安心院（あじむ）町の農家に泊まった際に味わいました。今回はこれをアレンジした混ぜご飯です。

鶏肉はうまみの多いもも肉を使います。野菜と炒めて調味料を加えたらひと混ぜし、ふたをずらしてのせ5〜6分。汁気がほぼなくなり、ツヤッとしてきたら火を止めます。炊飯器のふたを開けて、炊きあがったご飯の上に汁ごと具をのせ、再びふたを閉じます。「少し蒸らすとご飯と具がよくなじみます」と藤井さん。その後、むらなく一体になるまでよく混ぜ合わせます。

具を炒めてあるのでコクが増し、深みのある味わいに。ちょっと甘めの味付けが冷めてもおいしく、おむすびやお弁当にも向いているご飯です。

材料 4人前

- 米 …… 2合
- 鶏もも肉 …… 1枚(250g)
- ごぼう …… 1本(150g)
- 生姜 …… 1片
- A
  - 醤油 …… 大さじ3
  - 砂糖 …… 大さじ1½
  - 酒 …… 大さじ1
- サラダ油 …… 大さじ1
- 三つ葉 …… ⅓束

かしこいポイント！

野菜の香りを残す工夫

ごぼうは水にさらしてアクを除き、色を美しく仕上げますが、長くおくと香りが抜けてしまうので、5分以内を目安に。生姜は皮のまま、よく洗って、包丁でたたきつぶしてから切ると、組織が壊れて香りがよく出ます。

作り方

1. 米は研いで炊飯器に入れ、分量通りの水加減で炊く。

2. 鶏もも肉は余分な脂を除き、1.5cm角に切る。

3. ごぼうはささがきにして水にさらし、ざるにあげて水気を切る。生姜は皮をむかずにみじん切り。三つ葉は飾り用に小さな葉をつんで取り置き、残りは幅5mmに刻む。

4. フライパンにサラダ油を熱し、**3**の生姜を炒めて香りが立ったら**2**を炒める。肉の色が変わったら**3**のごぼうを加え、しんなりするまで炒める(a)。

炒めて水分を飛ばすと、味がよく行き渡る

a

5. **4**にAを加えたらひと混ぜし、ふたをずらしてのせる。汁気がほとんどなくなるまで5～6分、炒め煮にする。

6. **1**が炊きあがったら**5**をのせ(b)、ふたをして1～2分蒸らす。よく混ぜ合わせ(c)、三つ葉を加えてふんわり混ぜる。

b

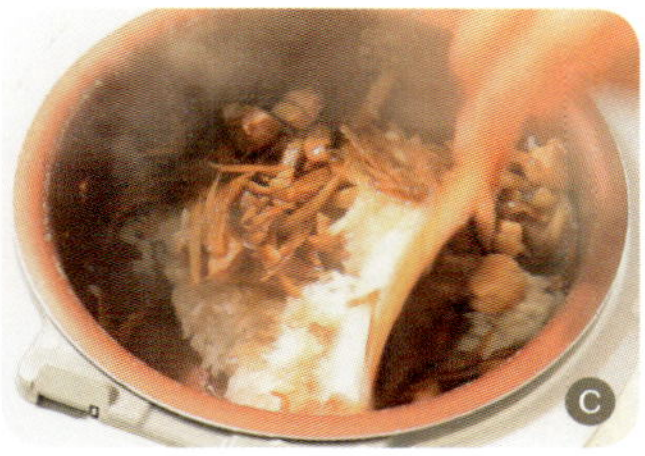

c

7. 茶わんに盛り、取り置いた三つ葉の葉をのせる。

1人前　約**500**kcal／塩分**2.1**g／脂質**12.4**g

●焼きビビンバ

みんなで食卓をかこむ日は
ホットプレートで料理を。
ごま油をきかせ、韓国の味を楽しみます

料理・藤井恵

合計
60
分

炊飯・下ごしらえ50分
焼く10分

家族が集う週末に、ホットプレートを使う「焼きビビンバ」で食卓をかこんでみませんか。

まず、上にのせるナムルと肉そぼろを作ります。「ナムルは野菜のゆで加減がポイントです。爪がスッと入る程度に火が通ったら、ざるにあげます」と藤井恵さん。ゆですぎると後で混ぜるときに形が崩れやすく、かといって生だと味わいがありません。表面の水分をふきんなどで取り、温かいうちにごま油を混ぜてなじませた後、調味料であえます。

ひき肉は豚ひき肉や合いびき肉でも結構ですし、牛薄切り肉を包丁でごく細く切って使っても、おいしくできます。

粗びき赤唐辛子やコチュジャンを混ぜて辛みを加えると大人向きの味わいに。また、今回は押し麦入りの麦ご飯にしましたが、もちろん白飯でも楽しめます。

材料 6人前

	材料	分量
	米	2合
	押し麦	1合
	にんじん	1本
A	ごま油	小さじ1
A	塩	小さじ¼
A	醤油	小さじ1
	グリーンアスパラガス	2束
B	ごま油	小さじ1
B	塩	小さじ¼
	牛ひき肉	300g
	長ねぎ	½本
	生姜	1片
	にんにく	1片
C	醤油	大さじ3
C	砂糖	大さじ1½
C	酒	大さじ1½
C	すり白ごま	大さじ2
C	ごま油	大さじ1
	サニーレタス	4枚
	三つ葉	30g
	ごま油	大さじ1

作り方

1. 米と押し麦を合わせて洗い、3合分の水で炊く。
2. にんじんは皮をむいて長さを2～3等分にし、せん切りにする。グリーンアスパラガスは下部の硬い皮をむき、斜め薄切りにする。湯を沸かして塩少々（分量外）を入れ、にんじんを好みの加減にゆでて湯を捨てずにざるにあげる。水分をふいて（a）小ボウルに入れ、Aを順に加えてそのつど混ぜる。同じ湯でアスパラガスも同様にゆで、同様にしてBを混ぜる。

3. 長ねぎはみじん切り、生姜とにんにくはすりおろす。
4. フライパンを火にかけずにC、3、牛ひき肉を入れてよく混ぜる（b）。強火にかけ、汁気がなくなるまでよく混ぜながらいりつける（c）。

肉の赤さが消え、ぽろぽろになったらできあがり

5. サニーレタスは細切りに、三つ葉は長さ1cmに切る。
6. ホットプレートを温めてごま油をひき、香りが立ったら1、4、2の順にのせる。ご飯に焼き色が付くまで熱し、5をのせ、大きく全体を混ぜて取り分ける。

1人前　約470kcal／塩分1.9g／脂質15.1g

かしこいポイント！

そぼろをふっくら仕上げる

そぼろは、肉と香味野菜、調味料を先に合わせてなじませてから、火にかけるのがふっくら仕上げるコツ。ひき肉は脂が少なく赤身が多い方が、加熱した後も肉がやせません。

スパゲティ・ボンゴレ

季節のごちそういただきます。貝のだしをパスタにしっかり吸わせてぜいたくな味わい

料理・有馬邦明

合計20分

下ごしらえ10分
仕上げ10分
（※あさりの砂抜き時間を除く）

春に向かって身をむちむちと太らせたあさりは、文句なくおいしい。有馬邦明さんに、スパゲティ・ボンゴレを習います。貝のうまみにバターの風味が加わって、味わいはとてもリッチ。今回はあさりもパスタも一皿で満腹になる思い切った量を使っています。お店のパスタ1人前は90グラムほどなので、その日の食欲とカロリーに相談してください。

あさりは砂抜きと書いてあっても、料理の前に1時間ほど塩水に浸し、汚れを出すと味わいすっきり。

オリーブ油とにんにくは弱火で加熱し、よい香りを油に移すこと、赤唐辛子は辛みではなく味のアクセント役にほんの少量使うこと。魚醤（ぎょしょう）はしょっつるでもナンプラーでも、油の中で沸かしてにおいを香りに変えます。うまみと甘みのある日本酒は、貝の料理によく合います。

材料 1人前

あさり …… 400g
スパゲティ …… 120g
オリーブ油 … 大さじ1$\frac{1}{2}$
にんにく …… $\frac{1}{2}$片
魚醤 …… 小さじ$\frac{1}{3}$
酒 …… 60mℓ
赤唐辛子 …… ほんの少々
黒こしょう …… 少々
バター …… 10g
イタリアンパセリ（粗みじん切り） …… 適量

作り方

1. あさりはバットに広げて入れ、ひたひたの塩水（海水と同じ3％濃度）に漬け、新聞紙をかぶせて暗い状態にして、砂を吐かせる。調理前に殻の表面を両手で軽くこすり合わせ、何度か水を替えながら流水で洗う。ざるにあげて水気を切る。

2. にんにくは包丁の腹でたたいてつぶし、フライパンにオリーブ油とともに入れて弱火にかける。並行して1％濃度の塩水を沸かして、スパゲティをゆで始める（表示のゆで時間より約1分引いて硬めにゆであげる）。にんにくの香りが立ち、色付いたら魚醤を加え、火を少し強めて沸騰させる（a）。

魚醤は十分沸かして
独特のくせを飛ばす

3. あさりを加えてオリーブ油を全体に絡める（b）。赤唐辛子を加え、酒を回し入れたらふたをする。時々ゆすって熱を均等に回す。

4. 貝の口が開いたら黒こしょうをふる。2のスパゲティは湯を切って加え、火を強める。貝の汁を吸わせながら麺に火を入れる（c）。味をみて足りなければ塩で加減する。水分を飛ばすつもりで炒め合わせる。

麺に貝のだしをよく吸わせ、
貝には火を入れすぎない

5. バターとイタリアンパセリを加えて混ぜる。好みでオリーブ油（分量外）をかける。

1人前　約765kcal／塩分4.9g／脂質29.3g

かしこいヒント！

ボンゴレの応用編

トマト味にしたいなら、生トマトを粗く刻み、あさりに日本酒を回しかけたタイミングで入れます。煮汁が多いと感じたら、パスタをさらに早めに入れて水分を吸わせましょう。バターを省くと、さっぱり仕上がります。

◉スパゲティ・カルボナーラ

卵、味噌、チーズの風味に
生クリームを煮詰めて、コクをプラス。
シンプルだけどリッチな仕上がりです

料理・有馬邦明

合計 25 分

下ごしらえ15分
仕上げ10分

日本人に人気の「スパゲティ・カルボナーラ」。炊きたてご飯に生卵をかけて食べる感覚に似ています。「カルボナーラ」とは、パスタにかけた粒々の黒こしょうを炭の粉に見立てたもので「炭焼き職人風」の意味です。

具材にはパンチェッタ（塩漬けの豚肉）が定番ですが、まずは何も入れず、ソースで勝負。有馬邦明さんは「生クリームをぎゅっと煮詰めて使うのがポイント。コクと風味が増し、きれのいい後味になります」。ふきこぼれないよう、火加減は弱火に。生クリームを保存するなら煮詰めるのがおすすめ。カレーやシチュー、スープに加えればコクが増します。冷蔵庫に保存し4～5日で使い切りましょう。

ソースの味付けは卵と相性のいい「味噌」で。チーズの塩分をみて量は加減してください。ゆであがった麺の熱で、卵も味噌も溶かすように混ぜれば、ダマになりません。

材料 2人前

生クリーム……100㎖
A
- 味噌……小さじ1
- 卵黄……2個分
- *チーズ(粉末)……小さじ4

黒粒こしょう……適宜
スパゲティ……200g
*パルミジャーノ・レッジャーノがおすすめ。

作り方

1. 厚手の小鍋に生クリームを入れて弱火にかける。沸いてもそのまま、泡がふきこぼれそうになったら鍋を持ち上げて温度を下げる。焦がさないようにゆっくり煮詰め、量が⅓程度まで減って、黄色っぽくなったら火からおろす(ⓐ)。

2. 大きめのボウルに**1**、Aを入れる(ⓑ)。

味噌はチーズの塩加減によって量を調整する

3. 鍋に1%の塩分濃度の湯を沸かしてスパゲティをゆでる。ゆで時間は商品に表示されている通りでよい。黒粒こしょうを包丁で粗く刻むか、びんの底などでたたいてつぶしておく(ⓒ)。

黒粒こしょうは直前につぶして香りを生かす

4. ゆであがった熱々のスパゲティを**2**のボウルに入れて手早く混ぜる(ⓓ)。絡みが悪いようならゆで湯を少量入れてゆるめる。**3**の黒こしょうを少量入れる。

5. 皿に盛って上からも黒こしょうをふる。
※パスタはほかに、平たいフェットチーネも合う。アレンジするならパンチェッタやベーコンのほか、炒めた玉ねぎを加えてもいい。

1人前　約**655**kcal/塩分**1.7**g/脂質**31.1**g

かしこいヒント！

余った卵白でクッキー

卵白1個分に対し薄力粉10g、バター10g、粉砂糖25g、水小さじ½〜1程度。ボウルにすべての材料を入れて泡立て器でよくすり混ぜます。オーブンシートに丸くのせ、180度のオーブンで1〜2分、縁に焼き色が付くまで焼きます。

◉パッパ・アル・ポモドーロ

残ったパンがとろとろのパン粥に。トマトソースの「つや」が仕上がりの合図です

料理・有馬邦明

合計
50
分

下ごしらえ10分
仕上げ40分

キッチンに、硬くなったパンや熟れすぎたトマトはありませんか。「パッパ・アル・ポモドーロ（トマトのパン粥）」は、残りものを上手に食べさせるイタリアの家庭料理の知恵。冷やご飯で作る雑炊と同じ感覚です。ゆっくり煮込んでとろけたパンとトマトの濃いうまみが魅力で、食べ応えも十分。

　トマトは果肉がしまっていて、凝縮した味わいが楽しめる時季なら、生を加熱しても水っぽくなりません。いつもの水煮缶に合わせれば、太陽の香りや生き生きした酸味が加わります。

　厚手の鍋を用意したら、手順はイタリア料理の基本の積み重ね。にんにくとオリーブ油は弱火にかけ、玉ねぎを加えたら中火で炒めて甘みを引き出す。野菜の水分が出るまでは焦げ付きに注意して、あとは弱火でコトコト。トマトソースに輝くようなつやが出れば、鍋の中が一つになった合図です。

材料 4人前

トマト(中) ……… 2個
トマトの水煮 ……… 1缶(400g)
玉ねぎ ……… 25g
にんにく ……… ½片
硬くなったパン ……… 50g
チキンブイヨン ……… 250mℓ
赤唐辛子(粗く刻む) ……… 少々
バジルの葉 ……… 1枚
*チーズ(粉末) ……… 大さじ2
粗びき黒こしょう ……… 少々
オリーブ油 ……… 適量
*パルミジャーノ・レッジャーノがおすすめ。

かしこいポイント！

パンは残ったら乾燥させる

パンは寄せ集めで十分。残ったら乾燥させておきましょう。バゲットや田舎パンがおすすめで、ナッツやフルーツ入りなら、それも味わいになります。ひと口で食べられる大きさに崩し、粉になった部分も気にせずに加えてください。

作り方

1. にんにくは包丁の腹でつぶし、粗みじんに切る。玉ねぎも粗みじんに切る。生のトマトはざく切り、トマトの水煮はつぶす。

2. パンを手で粗く崩す(a)。

硬いときは肉たたきなどを使うとよい

3. 厚手の深鍋にオリーブ油大さじ1と**1**のにんにくを入れて弱火にかける。香りが立ったら玉ねぎを加え、少し火を強める。玉ねぎの水分を飛ばすように縁が薄く色づくまで炒める(b)。

4. **1**の生と水煮のトマト、チキンブイヨンの半量を加える。沸いたら**2**を加えて混ぜ、コトコトいう火加減に調節する(c)。時々全体を混ぜながら約20分煮込む。途中で煮詰まってきたら残りのブイヨンを入れて加減する。

5. 全体につやが出て、もったりとしたら(d)、赤唐辛子と塩(分量外)で味を調え、バジルの葉をちぎって混ぜる。

6. 器に盛り、オリーブ油少量、粗びき黒こしょう、チーズをかける。

1人前　約135kcal／塩分0.7g／脂質4.9g

◉ブルスケッタ

オリーブ油が調味料になるシンプルトースト。具材をのせてもおつまみにも

料理・有馬邦明

合計25分

下ごしらえ20分
仕上げ5分

ちょっといいオリーブ油は、うまみや香りの調味料と考え、風味のいいうちに使い切りましょう。まず直球の一皿。イタリアのガーリックトースト「ブルスケッタ」です。

　有馬邦明シェフは「パンは香ばしい焼き目、にんにくはピリッとした辛み」と説きます。にんにくは、パンが熱いうちに軽くこすり付けること。爽快な香りが立ちます。ここにちょっといいオリーブ油を回しかければ、持ち味を発揮。パンに塩気が足りなければ、好みで補います。

　続きは応用自在です。上にのせる具に、今回は梅雨が旬のいわしとトマトを選びました。いわしをマリネするとき、脂肪の付いた皮の側だけ酢に浸すと臭みがすっきり取れ、身は硬くなりません。トマトはミニトマトを丸ごとオーブントースターで焼いたり、生を角切りにしたり。卵や野菜炒めなど、いつものおかずでもよし。ワインとどうぞ!

材料 4人前

パン(田舎パン、フランスパンなど) …… 8枚
にんにく …… 1片
オリーブ油 …… 大さじ2
塩 …… 適宜

いわしのマリネ

- いわし …… 3尾
- 砂糖・塩 …… 各適量
- 白ワインビネガー …… 適量
- 黒こしょう・オリーブ油 …… 各少々
- バジルソース(市販) …… 適宜

ミニトマトのロースト

- ミニトマト …… 8個

トマトのマリネ

- トマト(1cm角に切る) …… 1個
- A
  - 砂糖・塩 …… 各少量
  - にんにく(みじん切り) …… 少量
  - イタリアンパセリ(みじん切り) …… 少量
- オリーブ油 …… 小さじ½

かしこいポイント！

パンはカリッと香ばしく

パンはシンプルなものを選んで、約1・5㎝の厚さに。薄すぎると焼く間に水分が抜けて硬くなり、厚すぎては食べづらい。短時間で両面を焼くのに、鉄のフライパンが適しています。へらで押して焼くと全面が色づき、香りも増します。

作り方

1. パンは厚さ1.5cmで食べやすい大きさに切る。細長いパンは表面積が広くなるよう斜めにカットする。

2. フライパンで1の両面を焼く。鉄のフライパンなら熱してからパンを並べ、へらで押し付けて焼き目を付ける(a)。

a

3. にんにくを半分に切り、2が熱いうちに切り口を軽くこすり付ける。オリーブ油を回しかけ、好みで塩をふる。このまま、または具材をのせて食べる。

いわしのマリネ

1. いわしを三枚におろして皮をひく。皮は端を手で持ってから包丁の背で押さえ、押し付けながら横に動かす(b)。腹の身が割れそうになったら、途中から手でむくとよい。骨を抜く。

b

2. 1の身側に、少量の砂糖、次に塩をやや強めにふる。バットに白ワインビネガーを薄くひき、いわしの皮側を下にして並べて5分おく(c)。

c

3. 上下を返して身側にもワインビネガーを付け、すぐ元に戻す。黒こしょうとオリーブ油をかける。食べやすく切り、あればバジルソースなどを添える。

ミニトマトのロースト

ミニトマトはへたをつけたまま、オーブントースターでじっくり焼く。

トマトのマリネ

トマトをボウルに入れ、Aを混ぜる。オリーブ油であえる。

1人前 約285kcal／塩分1.8g／脂質13.6g

Colum
お料理
レッスン
2

【“おいしいアレンジ”のためのヒント】

各レシピには、おいしさをぐんとアップさせる食材が上手に使われています。各レシピを参考に、自分でもアレンジできるよう、“おいしい”のヒントを知ってぜひ活用しましょう。

有馬邦明さんのヒント

「チーズの効用」

チーズには、昆布などと同じうまみの成分、グルタミン酸が多く含まれています。粉チーズは料理の最後にふりかけるだけでなく、調味料として加えるとコクがアップ。ほかには赤身肉の肉団子のたねに混ぜるのもおすすめ。冷蔵庫でうっかり硬くなったチーズもおろして活用できます。

「トマトのうまみ」

トマト料理は塩分が少なくても満足感を与えます。その理由は、トマトに含まれている、昆布と同じうまみ成分グルタミン酸の効果です。店頭の説明を見ると、うまみ成分の豊富さを売り物にする品種も増えてきました。熟すほど含有量が増えるというので、熟れすぎたら加熱調理に使いましょう。

「料理にフルーツの効用」

甘酸っぱくて、加熱でトロンとした食感の出るフルーツが料理に合います。豚肉とりんごの煮込み、焼いた鴨肉にオレンジやさくらんぼのソースなど各地に定番がありますが、肉のクセを抑えて風味はアップ。彩りもきれいです。魚介類のサラダには柑橘(かんきつ)類が好相性です。

「柑橘類の皮でアクセント」

ゆず、すだち、レモンなど、柑橘類の表皮を仕上げにかけて料理に香りをまとわせる。五感で食欲を刺激するテクニックは日本もイタリア料理も同じです。これが世界で流行中です。おろし金の呼び名も「グラインダー」と洋風になり、調理器具の専門店やネットで見つかります。

藤井恵さんのヒント

「コリアンダーの香り」

香菜、パクチーとも呼ばれるコリアンダーは、セリ科で強烈な独特の香りが特徴。魚や肉の臭みを消してくれます。「カメムシのようなにおい」と嫌う人もいますので、お好みでどうぞ。一方、乾燥させた種子は柑橘系を思わせるさわやかな香りで甘い風味、カレー粉に欠かせないスパイスです。

「魚醤《ぎょしょう》のいろいろ」

魚醤は魚介類を塩などと発酵させて作る調味料。主にアジアで使われ、タイではナンプラー、ベトナムではニョクマムと呼ばれます。日本では秋田の「しょっつる」、石川の「いしる」「いしり」がこの種類。個性の強い調味料ですが素材の下味付けで使うと、クセが和らぎ、うまみが生かせます。

【食材が残ったときの“保存”“もう一品”のヒント】

料理によっては少量だけ使って、残ってしまう食材もあります。なるべく無駄にしないよう、本書のレシピに使用した食材の賢い活用方法を覚えましょう。

藤井恵さんのヒント

「ごぼうをもっと手軽に」

ごぼうは食物繊維が豊富でなるべくとりたい根菜ですが、下処理に手間がかかります。ですから時間のあるときに一気に下処理をして冷凍しておくと、少しずつ使えて便利です。ささがきにして水にさらした後、水気を切ってポリ袋へ入れて冷凍庫へ。使うときは、解凍をしなくても、そのまま調理できます。

大庭英子さんのヒント

「ゆで豆の冷凍保存」

豆は1袋300g入りで販売されていることが多いようです。その都度ゆでるより、一度にゆでて、小分けして冷凍保存しておく方が手間いらず。ゆでたらそのまま冷まし、汁ごと冷凍用のバッグに入れて平らにして凍らせます。使うときは自然解凍で。スープに入れたり、サラダに加えたりと重宝します。

有馬邦明さんのヒント

「きのこが残ったら“塩きのこ”に」

きのこが残ったら傷まないうちにまとめて“塩きのこ”にするのがおすすめ。食べやすい大きさにほぐしたらボウルに入れ、重量に対して3%の塩をふって混ぜます。密閉容器に入れて冷蔵庫で保存しましょう。出た水分はそのままでＯＫ。鍋物や炒め物にそのまま使えます。塩辛ければ水で軽く塩抜きをしてください。

藤井恵さんのヒント

「白菜は漬け物に」

白菜やキャベツが余ったら塩漬けに。野菜は一口大に切ってポリ袋に入れ、重量の1.5%の塩を加えて全体にまぶします。袋の空気を抜いて口を結び、重しをして冷蔵庫で一晩おきます。あれば細かく切った昆布やゆずの皮を足すと風味が増します。大根、かぶ、きゅうりなどでもおいしいですよ。

うまみが
舌いっぱいに広がる

第4章

汁もの、スープ

食材のうまみが溶け出た汁もの、スープは、おいしさをあますことなく感じられる一品。この章で講師陣は、主食材からのうまみの引き出し方、最後に味を引き締めるポイントまで、かしこいコツをわかりやすくお伝えします。

●きのこのスープ

生ハムやドライトマトを「だし」にハーブとオリーブ油でコクをプラス。ざくざくのきのこをいただきましょう

料理・有馬邦明

合計35分

下ごしらえ10分
仕上げ25分

きのこは栽培技術の進歩に健康志向の追い風が加わって、バラエティー豊富になりました。今回はあれこれ取り合わせたスープで楽しみます。素材からクリアなうまみを引き出して、薄味でも満足。有馬邦明さんの得意技です。材料表に並ぶにんにく、ドライトマト、生ハム……これらがベースの「だし」となる面々です。生ハムはベーコンでもよし。ドライトマトは実によい味が出ます。なければ干ししいたけや昆布、梅干しなどアレンジしてください。

まず日本酒と一緒に煮立たせることでクセを取り、水を加えてコトコトと。最初に味をみると水っぽく、スープの素に頼りたくなりますが、ここで辛抱。3分、5分と経過するにつれ、淡いながら味がまとまってくるのがわかります。塩と塩の角を取る砂糖、全体を引き締める唐辛子を加えて、きのこの出番です。

材料 2人前

きのこ（好みのものを多種類）……200g

A
- にんにく（薄切り）……2枚
- ドライトマト（細切り）……½個分
- 生ハム（切れ端でよい）……15g

酒……大さじ3

水……500mℓ

B
- 塩……小さじ½
- 砂糖……ひとつまみ
- 赤唐辛子……少々

オリーブ油……小さじ1

イタリアンパセリ（みじん切り）……適量

青ゆずの皮（3mm角）……適宜

かしこいポイント！

個性の異なるきのこがだしに

使用するきのこは、個性の違うものを4～5種類。今回はしめじ、エリンギ、まいたけ、あわびたけなどを使いました。なめこやえのきたけのように、ぬめりの出るものは控えめに。鍋の中で沈んだら、再び塩加減を調節します。

作り方

1. 鍋にAを入れて火にかけ、酒を加えてしっかり沸騰させ、アルコール分を飛ばす(a)。

日本酒と煮立たせ、味をなじませる

2. 分量の水を加え、だしを出すために静かに沸いた火加減で10分ほど加熱する。

3. きのこは石づきを取り、一口大になるように手で縦方向に裂く。

4. 2にBを加える。味をみて、水っぽさがなければ3を入れる。沸いたら火を弱め、きのこが沈んだら火の通った合図(b)。しゃっきりした食感が好みなら2～3分、スープにうまみを出したければ少し煮込む。味をみて塩（分量外）で調整する。

きのこに火が入るまでは薄味でOK

5. イタリアンパセリとオリーブ油を加えてざっと混ぜて火を止め、器に盛って、好みで青ゆずの皮を削る。

1人前　約100kcal／塩分1.4g／脂質4.7g

●白味噌豚汁

とろりと甘い新定番。肉のうまみは低温から煮てじっくり引き出します

料理・藤井恵

合計45分

下ごしらえ5分
煮る40分

「何が食べたい？」、藤井恵さんが2人のお嬢さんにこう尋ねると、一番よくあがるのが、この料理だそう。白味噌でとろりと甘く、普段の豚汁とはまた違った味わい。「真夏以外では、わが家の定番です」。

具は、豚肉、大根、にんじんとシンプル。大根は少し厚めの短冊切りに。にんじんは大根より少し細めにする方が色のバランスがとれます。

ボリュームのある汁物ですので、これで夕ご飯にするなら、後はさっぱりした品を。刺し身に、ほうれん草のおひたしやブロッコリーのごまあえなどはいかがでしょう。

藤井さんは献立について「主菜が醤油味なら副菜は塩味や味噌味にするなど味が重ならないようにし、温かい品には冷たい品を合わせます」と話します。シャキシャキ、カリカリなど、歯応えのよいものが一品あると、食が進みます。

材料 4人前

- 豚ばら薄切り肉……200g
- 大根……$\frac{1}{3}$本
- にんじん……$\frac{1}{2}$本
- かつおと昆布のだし……1.2ℓ
- 白味噌……130g
- A「みりん……大さじ1
- A　塩……少々
- 万能ねぎ(小口切り)……8本
- 七味唐辛子……適宜

作り方

1. 大根は長さ4cmの短冊切りにする。にんじんも同様に切る。豚ばら薄切り肉は幅2cmに切る(a)。

2. 鍋にだしと1の豚肉を入れ、箸で肉をほぐす。大根、にんじんを入れて火にかけ、煮立ったらアクをていねいに除く(b)。ふたをして20〜30分弱火で煮る。

アクをていねいに除いてすっきり仕上げる

3. 白味噌を溶き入れ(c)、弱火でさらに10分煮る。Aを加えてひと煮する。

味噌を加えて煮込み、とろりとさせる

4. 器に盛り、万能ねぎをたっぷりのせ、好みで七味唐辛子をふる。

かしこいポイント！

肉は低温から煮る

肉は炒めず、温める前のだしにそのまま入れて箸でほぐし、野菜を加えて火にかけます。「低い温度から煮てうまみをしっかり出します」と藤井さん。煮立つとアクや脂がたくさん上がってくるので、ていねいに除きましょう。

1人前　約315kcal／塩分2.5g／脂質18.7g

秋とうきびのすり流し

ひんやり、トロリ、優しい味。塩だけで味付け、引き立つ甘み

料理・戸村仁男

合計40分

下ごしらえ20分
仕上げ20分

夏が出盛りのとうもろこしですが、秋は昼夜の寒暖差が大きくなり、甘みとうまみを蓄えます。だしと合わせた「すり流し」をご存じですか。ひんやり、トロリとした液体は、のどに優しく落ちていき、後味しみじみ。戸村仁男さんの使う青森・岩木山麓のとうもろこし「嶽(だけ)きみ」は、収穫が8月のお盆の頃から。9月の北海道からも、いい品が届きます。すり流しとは、すりつぶした材料を、だしでのばす汁の呼び名。白身魚や枝豆などでも作ります。とうもろこしから想像するのは甘さと香ばしさ。今回は、ゆでたものと焼いたものを合わせることで表現しました。

調味料は塩だけ。目的は素材の甘みを引き立てることで、塩味を感じるようでは使いすぎです。味見をしながら微妙な変化をつかむ。できたてより少し時間をおくと、味の輪郭がはっきりします。

材料 6人前

とうもろこし……3本
かつおと昆布のだし
(→P.104)……350㎖
塩……小さじ½

作り方

1. とうもろこしは皮を全部むく。2本をゆでる。鍋に湯を沸かし、1ℓに対し小さじ1強の塩(分量外)を加える。とうもろこしが浮かないように落としぶたをして約10分、中火で軟らかくなるまでゆで、ざるにあげる。

2. 残りの1本は焼く。焼き網を熱して火を弱め、とうもろこしを置く。時々転がしながら焼き上げる(ⓐ)。

うっすらと焦げ目が付く程度に弱火で焼く

3. **1**、**2**の粗熱が取れたら、包丁で実を削り取る(ⓑ)。根元まで削ると繊維質が増えるので、深さはほどほどに。

4. フードプロセッサー(ミキサーでも可)に入れて小さく粒が残る程度にすりつぶす。量が多ければ二度に分ける。時々止めて、へらで側面についたものを落としてむらをなくす(ⓒ)。

回転が速く、時間が長くなるほど摩擦熱で味が落ちるので最小限に

5. **4**にかつおと昆布のだしを2〜3回に分けて入れ、その都度ざっと攪拌する。そのまま味をみてから、塩を加えて混ぜ、味見しながら甘みが引き立つ状態に加減する。

6. 目が細かすぎない裏ごし器を準備し、ボウルに重ね、**5**をこす。へらで汁を搾り落とし、裏ごし器に残ったピューレ状のものを一度取り出し、裏ごし器を水洗いする。ピューレ状のものを戻して少量ずつへらで押しつぶして裏ごしする。薄皮を取り除くことで口当たりがよくなる。

7. 汁と裏ごししたものを混ぜ合わせて冷蔵庫で冷やす。2時間ほどおくと味が落ち着いて風味が出てくる。

1人前　約**55**kcal／塩分**0.5**g／脂質**1.0**g

かしこいヒント！

新米ととうもろこしで

新米と名残のとうもろこしで炊き込みご飯に。とうもろこし1本はゆでて実を削り、米2合は名刺大の昆布1枚と塩小さじ½を入れて炊き、蒸らす段階でとうもろこしを入れます。生から炊き込むより、すっきりとした味わいです。

Colum
お料理
レッスン
3

【基本の下ごしらえその二】

和食の基本の下ごしらえ、かつおと昆布のだしのとり方を覚えておきましょう。雑味のない、上品ですっきりとした仕上げの、料亭のだしを教わります。

戸村仁男さんの「かつおと昆布のだしのとり方」

材料

昆布……15g
削りかつお……80g
水……2ℓ

1. 昆布は乾いたふきんでさっと汚れを落とす。

2. 鍋に**1**、水を入れて2時間以上おく。

＊一晩浸してもよいが、その場合は冷蔵庫に入れ、火にかける前に昆布を取り除く。

3. 中火にかけて写真のように沸騰直前に(写真上)昆布を引き上げ(写真下)、完全に沸騰させる。

4. 削りかつおを加えてすぐに火を止め、削りかつおが沈むまでおく。
＊このとき、とくに汁物にする場合は触らないこと。箸で混ぜると雑味が出る。また、削りかつおが完全に沈む前にこすと、すっきりとした味わいに仕上がる。

5. ざるにふきんを敷き、**4**をこし入れる。最後は決して絞らないこと。
＊ふきんは、削りかつおの細かいくずを通さないネル素材がおすすめ。

6. ざるを引き上げたら、できあがり。

締めのスイーツは
これで決まり！

第5章
デザート

どんなにお腹いっぱいでも「別腹」のデザートは、食事の最後を締めくくる大切な一皿。この章では、家庭で手軽に作れるデザートをご紹介します。食卓を片付けたら、お茶をいれて、ゆっくりとした時間を楽しみましょう。

白玉あずき

すっきり煮上げたゆであずきで
ほっこり幸せ気分を味わえる
和のおやつ

料理・大庭英子

合計75分

あずきを煮る60分
白玉を作る15分

とかく手間と時間がかかるというイメージの豆料理。でも、「あずきは皮が薄く、水に浸す必要がないので、思い立ったらすぐに煮始めることができます」と大庭英子さん。おやつ向けに、ゆであずきを作りましょう。まずは渋みを抜くために、2回ゆでこぼしてアクを除きましょう。その後、豆の3倍強の水を加えて火にかけ、煮立ったら30分弱火で煮ます。豆が踊らないよう、火加減を調整してください。さらに10分。煮崩れてしまいそうだったら、火を止めて余熱で加熱します。

白玉粉は乾燥状態が製品によって違うもの。水は一気に加えず、少し残すこと。入れすぎたら、ペーパータオルで生地の水分をふき取り、調整できます。

豆のほっこりした香りは、自家製ならでは。このほかアイスクリームに添えるもよし、そのまま冷たくして「冷やしぜんざい」でも楽しめます。

材料 2～3人前

*ゆであずき …… 200g
白玉粉 …… 1カップ
水 …… 100mℓ

***ゆであずき(作りやすい分量)**

あずき …… 200g
砂糖 …… 200g
水 …… 3カップ
塩 …… 少々

かしこいポイント！

砂糖は豆が軟らかくなってから

あずきは指でつまみ、すぐにつぶれる程度になったら、砂糖を一度に加えます。「豆が完全に軟らかくなってから砂糖を入れてください。そうでないと、味が染み込まず豆も硬いままになってしまいます」と大庭さん。

作り方

1. ゆであずきを作る。あずきは洗って鍋に入れ、たっぷりの水(分量外)を加えてふたをせず、火にかける。沸騰したらざるにあけて、水気を切り、アクを捨てる。これを2回行う。

2. **1**を鍋に戻し、分量の水を加えて火にかけ、煮立ってきたら弱火にし、ふたをして30分程度煮る(a)。

煮汁から豆が出るようだったら、差し水をする

a

3. 指でつまんで、すぐつぶれるようになったら、砂糖を加える。同じ火加減で10分煮る。

4. 塩を加えて味をみる。火を止めて鍋のまま冷ます。

5. ボウルに白玉粉を入れ、水を加えて耳たぶぐらいのぽってりとした軟らかさにこねる(b)。

b

6. 同じ大きさにちぎって、一つずつ丸めて中央を押さえてくぼみをつける(c)。

c

7. 鍋にたっぷりの湯を沸かし、**6**を入れる。浮いてきてから1分ゆでて、冷水に取って冷まし、水から引き上げる(d)。

すぐに引き上げると水っぽくならない

d

8. 器に盛って、**4**をかける。

1人前　約265kcal／塩分0.3g／脂質0.8g

スコップケーキ

カスタードと生クリームを重ね、彩り豊かにフルーツをトッピング。スプーンでカジュアルにすくいます

料理・脇雅世

合計60分

調理30分
カスタードの粗熱を取る30分

お休みの日には、フルーツがたくさん入ったデザートはいかがですか。脇雅世さんのおすすめはお子さんと作れる「スコップケーキ」です。

デコレーションケーキのようにナイフで切り分けるのではなく、スコップ（スプーン）ですくい取るケーキ。生地の上にカスタードクリーム、生クリームをのせ、フルーツを散らします。

今回は土台にフィンガービスケットを使いました。カステラでもOK。シロップを塗ると、しっとりと口当たりがよくなります。大人だけで食べるなら、ラム酒やキルシュを加えても。

カスタードクリームはしっかりと煮立てて火を通すこと。粉っぽさがなく、つやのあるカスタードができます。冷やしたら泡立て器で混ぜるとコシが切れてとろりとします。フルーツは季節のお好みのものを。カットフルーツを使うと手軽です。親子で楽しんでください。

材料 6人前
〈18cm×15cm×高さ4cmの器1個分〉

フィンガービスケット……12本

カスタードクリーム

- 卵黄……2個分
- 牛乳……1カップ
- グラニュー糖……40g
- コーンスターチ……大さじ1
- 薄力粉……大さじ1
- バニラエッセンス……少々

生クリーム……100g
砂糖……大さじ1強

シロップ

- 水……50mℓ
- グラニュー糖……大さじ2

フルーツ

キウイ1個・オレンジ1個・パイナップル1切れ・アメリカンチェリー3～4個

作り方

1. シロップの材料を小鍋に入れひと煮立ちさせて冷ます。一度に食べきるときはひと煮立ちさせずに、溶かすだけでよい。好みで風味づけの洋酒を大さじ½ほど加えてもよい。

2. カスタードクリームを作る。ステンレスの鍋に牛乳と、グラニュー糖の半量を入れて火にかけ、沸騰直前まで温める。

3. ボウルに卵黄を入れて泡立て器でほぐし、残りのグラニュー糖を加えて混ぜる。コーンスターチ、薄力粉を加えて混ぜ合わせる(a)。

コーンスターチを加えると舌触りがよくなる

4. 3に2の⅓量を加え、よく混ぜてなじませて鍋に戻し入れる。中火にかけて泡立て器で混ぜながら1～2分、しっかりと煮立てる(b)。

つやが出るまで煮立て粉っぽさをなくす

5. バットに4を広げるように移し、表面にラップをぴったりと張り付けて粗熱を取る(c)。ボウルに移し、バニラエッセンスを加え、泡立て器でとろりとなめらかになるまで混ぜる。

6. 器にフィンガービスケットを敷き詰め、1をまんべんなく塗る。

7. 6に5をのせる(d)。

8. 生クリームに砂糖を加えて八分立てにし(e)、7にのせ均一に広げる。

9. フルーツを食べよい大きさに切り分け、8に彩りよくのせる。

1人前　約229kcal／塩分0.0g／脂質10.8g

かしこいヒント！

生クリームの泡立て方

機械より泡立て器の方がふっくらとして口溶けのよいクリームができます。ステンレスボウルを使うときは氷水をボウルの底にあてて、温度を上げないように泡立てます。ガラスボウルなら、冷蔵庫で1～2時間冷やしておくと氷水はいりません。

梅シロップ

夏を彩るさわやかな甘み。青梅は一旦冷凍し、短期間でエキスを抽出します

料理・ベターホーム協会　宗像陽子

合計15分

準備10分
仕込み5分
（※冷凍する時間を除く）

お店に梅が並んだら、子どもも楽しめる梅シロップに挑戦。さわやかでほんのり甘い味わいが夏を彩ります。

湿度や気温が高くなると、漬け込み中に白い泡や濁りが出てくることがあります。これは、実に付いている酵母の働きで発酵したり、雑菌が繁殖して腐敗したりすることが原因。これを防ぐには、エキスを早く出し、完成までの時間をできるだけ短くすることが大切です。空気に触れている時間が長いと発酵や菌の繁殖が進むからです。

5～7日ほどでできますが、1週間たっても砂糖が溶けきらない場合は、実を取り出してから砂糖を煮溶かし、冷めたら冷蔵庫で保存します。実は、ジャムやお茶うけにもどうぞ。

砂糖は梅の重量の6割まで減らせますが、実が空気に触れやすくなるため、慣れるまでは梅と同量の砂糖を使うのがおすすめです。

材料　できあがり　約400mℓ

青梅……500g
砂糖……500g

梅ジュース

梅シロップ……50mℓ
水または炭酸水…200mℓ

梅のミルクドリンク

梅シロップ……大さじ1〜2
牛乳……1カップ

梅ゼリー

梅シロップ……100mℓ
水……150mℓ
粉ゼラチン……1袋(5g)
水……大さじ2

作り方

・準備

1. 青梅を水洗いし、水気をしっかりふく。竹串でへたを取る(a)。

2. 保存袋に入れ、24時間以上冷凍する。
3. 保存瓶(1.2〜1.5ℓ)の内側に熱湯を回しかけるか、アルコールスプレーをかけて消毒し、自然乾燥させる。

・仕込み

4. 3に2と砂糖を交互に入れ、ふたを閉める。砂糖は上部に多めに入れ、最上部に砂糖がくるようにする(b)。

5. 冷暗所におく。冷暗所がない場合や気温が高い場合は、2日室温におき、砂糖がなじんできたら冷蔵庫の野菜室に移す。毎日エキスの出具合を確認しながら、砂糖を溶かすように清潔な木べらやスプーンなどでやさしく混ぜる。1日1回、5〜7日繰り返す。梅がシロップから出ないように注意。
6. 砂糖が溶け、実がしぼんだら梅を取り出す。シロップだけを小瓶に移し、冷蔵庫で保存する。

梅ジュース(1人前)

梅シロップを水や炭酸水で割る。

梅のミルクドリンク(1人前)

梅シロップと牛乳を合わせる。梅の酸で牛乳のたんぱく質が凝固し、とろっとしたヨーグルトドリンクのような味わいに。

梅ゼリー(4人前)

1. 小ボウルに水大さじ2を入れ、粉ゼラチンをふり入れる。電子レンジ(500W)で約20秒加熱し、ゼラチンを溶かす。
2. ボウルに水150mℓと梅シロップを合わせ、1を加えて混ぜる。
3. 器四つに分けて注ぎ、冷蔵庫で冷やし固める。

かしこいポイント！

冷凍梅でエキスを出しやすく

できるだけ早くエキスを出すには、冷凍梅を使うのが一番。冷凍すると、実の中の水分が結晶となって細胞膜を傷め、エキスが出やすくなります。

梅ジュース(200mℓ)　約210kcal／塩分0.0g／脂質0.1g

料理写真
大山克巳

栄養計算
清水加奈子

校正
安久都淳子
玄冬書林

ブックデザイン
渋沢企画（渋澤弾、田島智子）

取材・文
浅野真、大村美香、小林未来、長沢美津子

編集協力
井伊左千穂

編集
内山美加子

献立の主力選手！
かしこいおかず
2016年2月28日　第1刷発行

編者　朝日新聞生活グループ

発行者　首藤由之

発行所　朝日新聞出版
〒104-8011　東京都中央区築地5-3-2
電話　03-5541-8832（編集）
03-5540-7793（販売）

印刷製本　大日本印刷株式会社

Published in Japan by Asahi Shimbun Publications Inc.
ISBN 978-4-02-251360-1